교육

EDUCATION : A Very Short Introduction, Second edition
Copyright © Gary Thomas 2021

EDUCATION was originally published in English in 2021.
This translation is published by arrangement with Oxford University Press.
Korean translation copyright © 2025 by GYOYUDANG Publishers
Korean translation rights arranged with Oxford University Press through EYA Co.,Ltd.

이 책의 한국어판 저작권은 EYA를 통해
Oxford University Press사와 독점계약한 (주)교유당에 있습니다.
저작권법에 의하여 한국 내에서 보호를 받는 저작물이므로 무단전재 및 복제를 금합니다.

첫 단 추 시 리 즈
064

교육

게리 토머스 지음
이우진·김자운 옮김

교유서가

한국어판 서문

저의 책 『교육』이 한국어로 출간되어 무척 기쁘고 감격스럽습니다. 저의 생각과 문제의식을 담은 이 책을 정성껏 번역해주신 이우진 교수님과 김자운 교수님께 깊은 감사의 마음을 전합니다. 한국어판 서문을 통해 한국의 독자 여러분과 직접 소통할 수 있게 되어 무척 영광스럽고 기쁘게 생각합니다.

이 책은 교육(특히 학교교육)이 수백 년 동안 형태와 구조 면에서 놀라운 지속성을 보여 왔다는 문제의식에서 출발합니다. 오늘날에도 대부분의 교육은 교사가 어린이나 청소년 집단에게 지식을 전달하는 방식으로 이루어지고 있습니다. 이러한 기본 구조는 오랜 시간 큰 변화 없이 유지되어 왔지만, 지난 100여 년 동안 서구에서는 교육을 새롭게 바라보는 시도가 이루어졌습니다. 존 듀이John Dewey를 비롯한 진보주의 사상가들은 교육이 단순한 지식 전달을 넘어서야 한다고 보았습니다. 20세기 중반 이후, 이러한 사상은 실제 교육 현장에 영향을 미치기 시작하였고, 이는 곧 학습자 중심 교육으로의 전환으로 이어졌습니다. 그 결과 교육의 목표는 지식의 습득을 넘어서, 학습자의 자기 주도적 탐구와 문제 해결 능력을 기르는 방향으로 변화하게 되었습니다. 교육과정 또한 보다 개방적으로 재편되었으며, 교사는 소통과 협동을 장려하고 학습자의 창의성 발현을 적극적으로 도와주는 역할을 맡게 되었습니다.

그러나 오늘날 교육은 중대한 전환의 국면에 놓여 있습니다. 경제적 성과 중심의 관점이 교육 정책 전반에 깊이 스며들면서, '성취도 향상', '교육과정의 표준화', '자격 취득' 등과 같은 요소들이 교육의 핵심 목표로 자리잡게 되었고, 그 결과 20세기의 진보적 교육철학은 점차 영향력을 잃어가고 있습니다. 이러한 경향은 전 세계적으로 나타나고 있지만, 특히 한국을 포함한 동북아시아 지역에서 더욱 뚜렷하게 드러납니다. 이를 잘 보여주는 사례가 바로 한국의 학원, 일본의 '주쿠塾', 중국의 '부시補習' 등과 같은 사교육 기관일 것입니다. 이러한 현상은 궁극적으로 경쟁 중심의 시장 논리가 교육 전반에 깊숙이 자리잡은 결과입니다.

제가 재직중인 버밍엄대학교에서 한국 학생들을 직접 가르쳤던 경험은 제게 오래도록 기억에 남는 소중한 일이었습니다. 그들은 제가 만난 학생들 중 가장 성실했고, 이해도와 반응 속도도 매우 뛰어났으며, 학습 의욕 또한 대단했습니다. 그런데 그들이 초·중·고등학교 정규 수업이 끝난 뒤에도 학원에서 몇 시간씩 더 공부해야만 했다는 이야기를 들었을 때, 저는 놀라움과 함께 안타까운 마음을 감출 수 없었습니다. 특히 한국의 사교육에서는 학습이 단순한 보충에 그치지 않고, 학교 교육과정을 앞서가는 '선행학습'의 형태로 이루어진다는 사실이 인상 깊게 다가왔습니다. 그만큼 '학생들', 아니 어쩌면 '학부모들'의 열정과 노력이 돋보이기도 했지만, 동시에 그러한 학습 환경이 학생들에게 얼마나 큰 부담이 되었을지를 떠올리며 마음이 무거워졌습니다.

사실 이러한 흐름의 밑바탕에는 교육의 본래 목적이 아닌, 성과와 경쟁을 우선시하는 시장 중심 논리가 자리하고 있습니다. 이로 인해 다양한 부작용이 나타나고 있습니다. 예컨대, 학부모들은 자녀의 사회적 지위와 취업 가능성에 과도하게 몰두하게 되었고, 교육기관들은 소수의 우수 학생을 대상으로 한 선별적 교육과정이나 높은 학업 성취만을 강조하는 체계를 운영하고 있습니다. 이러한 흐름 속에서 교육 환경은 점점 더 획일화되고, 학습자의 자율성은 점점 더 억제되는 방향으로 나아가고 있습니다. 이는 학생들에게 과도한 학습 압박을 가중시킬 뿐만 아니라, 공교육의 정상적인 흐름에도 부정적인 영향을 미치는 구조적 문제로 이어지고 있습니다.

그러나 아이러니하게도, 이와 같은 경쟁 중심의 교육 환경은 시장 기반 성과 지표에서는 높은 평가를 받고 있으며, 특히 문해력과 수리 능력과 같은 기초 학력 영역에서는 세계적인 우수성을 보이고 있습니다. 이러한 성과에 자극을 받은 여러 서구 국가들은 동아시아의 교육 방식을 점차 모방하려는 움직임을 보이고 있지만, 그 과정에서 드러나는 부작용은 충분히 고려되지 않고 있습니다. 이는 경쟁 중심 교육이 지닌 구조적 한계를 단적으로 보여주는 지점입니다.

그렇다면 우리는 왜 아이들을 이토록 치열한 학습으로 내몰고 있는 걸까요? 이러한 성취가 과연 진정한 '성공'이라고 말할 수 있을까요? 그리고 우리는 그 성과를 위해 어떤 대가를 치르고 있는 걸까요? 오늘날 어린아이들마저 피로와 스트레스에 시달리고 있으며, 청소년들은 끝없는 성적 경쟁 속에서 점점 더 불행해지고 있습니다. 그들이 수행하는 학습 활동 역시 흥미롭거나 의미 있는 경험이라기보다는, 대부분 단조로운 암기와 고된 반복에 머무르고 있습니다. 이러한 교육 방식은 학습에 대한 진정한 흥미나 스스로 배우고자 하는 동기를 길러주지 못할 뿐만 아니라, 배움 그 자체에 대한 부정적인 인식을 심어주고 있습니다.

물론 높은 학업 성취도는 주목할 만한 결과이지만, 이러한 성취가 도덕적 성숙이나 사회적 책임 의식을 갖춘 인간으로의 성장을 보장하지는 않습니다. 오히려 과도한 경쟁 중심의 교육 환경에서 자란 학생들은 타인과의 협력보다는 경쟁에 익숙해지고, 비판적 사고보다는 주어진 규칙에 순응하는 태도를 내면화할 가능성이 큽니다. 또한 자신의 정체성과 자아 성장을 타인과의 비교를 통해 규정하게 되면서, 결과적으로 우월주의적 사고와 서열화된 인간관, 타인에 대한 배려 부족으로 이어질 수 있습니다. 이러한 경향은 결국 창의성과 다양성이 억압된 사회, 나아가 타자에 대한 이해와 존중이 결여된 공동체로 이어질 수 있다는 점에서 깊은 우려를 자아냅니다.

제가 이 책에서 강조하고자 한 점은 교육의 목적을 다시 성찰할 필요가 있다는 것입니다. 우리가 바라는 학교의 모습은 무엇이어야 할까요? 기업이나 조직에 잘 적응하고, 지시에 충실히 따르는 인재를 길러내는 것이 교육의 목표가 되어야 할까요? 아니면 비판적으로 사고하고, 창의성과 상상력을 발휘할 줄 아는 시민을 길러내어, 사회의 리더를 감시하고 더 나은 공동체를 위해 변화와 정의를 이끌 수 있는 존재로 키우는 것이어야 할까요?

이 책을 번역해주신 이우진 교수님과 김자운 교수님께 다시 한번 깊이 감사드립니다. 이 책이 한국의 독자 여러분께 깊은 성찰과 새로운 영감을 전해줄 수 있기를 바라며, 집필 과정에서 제가 느꼈던 기쁨과 의미 또한 함께 전달되기를 소망합니다.

게리 토머스 Gary Thomas

차례

- 한국어판 서문 005
- 저자 서문 013

1. 시작하며 --- 019

2. 물과 기름: 형식적 교육과 진보적 교육 -------------------- 047

3. 전통의 전개: 아이디어에서 실천으로 --------------------- 075

4. 20세기의 위대한 사상들 -------------------------------- 099

5. 분석가와 이론가의 유산 -------------------------------- 143

6. 교육과정 --- 181

7. 학교는 끝났다! -- 209

- 참고문헌과 더 읽을거리 237
- 주 254
- 옮긴이 후기 260
- 도판 목록 266

저자 서문

오늘날 학교 교육이 어떤 과정을 거쳐 현재의 모습을 갖추게 되었는지 제대로 알고 있는 사람은 대단히 드뭅니다. 더욱이 많은 이들이 교육의 근간이 되어온 사상적 전통을 전혀 파악하지 못하고 있습니다. 이는 우리가 직면하고 있는 기이한 지적 공백이라고 할 수 있습니다. 대부분의 교양인들은 물리학의 아인슈타인이나 뉴턴에 대해 간단히 설명할 수 있고, 생물학의 다윈에 대해 짧은 글을 쓸 수도 있습니다. 또한, 경제학의 케인스나 마르크스의 핵심 사상에 대해서도 어느 정도 논할 수 있습니다. 그러나 교육 분야는 이와 사뭇 다릅니다. 듀이Dewey나 피아제Piaget 같은 교육 사상가들의 이름을 아는 이들도 드물뿐더러, 그들의 교육 철학을 심도 있게 이해하는 이는 더욱 찾아보기 힘듭니다. 어쩌면 이와 같은 교육의 본질과 발전 과정에 대한 우리의 무지가 교육 혁신의 발목을 잡는 핵심 장애물이 되고 있는지도 모릅니다.

교육에 대한 이러한 무관심은 오늘날 교육을 바라보는 서구 사회의 편향된 시각을 잘 보여줍니다. 반면 동아시아의 전통은 이와는 사뭇 다릅니다. 1928년, 현대 교육철학의 거장인 미국 철학자 존 듀이John Dewey가 베이징국립대학교에서 명예 학위를 받기 위해 중국을 방문했을 때의 일화가 이를 잘 보여줍니다. 당시 대학 학장은 듀이를 '제2의 공자'라 칭했는데, 이는 동아시아에서 교육자에게 바칠 수 있는 최고의 찬사였을 것입니다.

그러나 당시 미국에서 듀이는 거의 주목받지 못했습니다. 당시 〈타임Time〉지의 논설위원은 "미국인 1만 명 중 한 명도 존 듀이에 대해 들어본 적이 없다"고 한탄할 정도였습니다. 더 놀라운 사실은 오늘날에도 이 상황이 크게 달라지지 않았다는 것입니다. 참고로, 여기서 언급된 존 듀이는 '듀이 십진분류법'이라는 도서관 분류 체계를 만든 멜빌 듀이Melvil Dewey와는 다른 인물입니다. 이는 많은 이들이 혼동하는 부분이기도 합니다. 아마도 대부분의 서양인들은 10년간의 의무교육을 받았다는 이유만으로 교육에 대해 충분히 알고 있다고 생각하는 것 같습니다.

이 책은 단순히 '간략한 입문서'가 아니라 '매우 간략한 입문서'입니다. 따라서 내용의 지나친 단순화나 핵심 요소의 누락이라는 위험을 안고 있습니다. 집필을 시작하면서 이 난제를 어떻게 극복할지 오랫동안 고심했습니다. 교육이라는 방대한 주제를 이처럼 제한된 분량으로 다루는 것은 분명 큰 도전이었습니다. 모든 내용을 담으려 하면 자칫 피상적인 설명에 그칠 수밖에 없기 때문입니다. 깊은 고민 끝에 두 가지 원칙을 세웠습니다. 첫째, 핵심적인 논의와 쟁점에 집중하기로 했습니다. 둘째, 단순한 사실을 나열하기보다는 교육적 아이디어와 그 의미에 초점을 맞추어 내용을 구성하기로 했습니다.

 이 책의 주제를 선정하면서 예상 독자를 떠올려 보았습니다. 교육 분야에 대한 전문적 지식은 없더라도 지적 호기심과 교양을 갖춘 이들이 주된 독자가 될 것이라고 생각했습니다. 이러한 독자층을 고려하여 교육 사상의 발전 과정을 하나의 흥미로운 이야기로 풀어내고자 했습니다. 그러나 교육의 역사는 단순한 일직선이 아닌, 복잡하게 얽힌 실타래와 같습니다. 가령 진보주의 교육의 경우, 그 발자취를 명쾌하게 정리하기가 쉽지 않습니다. 심리학의 발전, 교육 평가 방식의 변화, 그리고 그 효과에 대한 연구들이 서로 복잡하고도 긴밀하게 맞물려 있기 때문입니다.

 이번 개정판도 초판의 접근 방식을 그대로 유지하되, 최근의 주요 교육 동향을 새롭게 담아냈습니다. 특히 여러 국가에서 나타나는 주목할 만한 현상들을 깊이 있게 분석했습니다. '아카데미학교로 전환하는 지역관리학교', '교육을 통한 포용성 및 사회 이동성 증진의 반복적 시도와 그 한계', 그리고 '공교육과 사교육 간 격차 심화' 등이 그 예입니다.

저의 교육관은 개인적 경험, 특히 학창 시절의 고난과 시련을 통해 형성되었습니다. 중등학교 입학시험인 '11+ 시험'에 낙제했을 때, 지금 생각해보면 부모님은 현명하게도 저를 저렴한 사립학교로 보내주셨습니다. 나중에 문법학교로 진학할 기회를 얻어 다행이지만, 그곳은 말 그대로 모든 면에서 '저렴'했습니다. 영국 사회의 비윤리적이고 비참한 교육 환경을 풍자적으로 묘사한 찰스 디킨스의 소설 『니콜라스 니클비 *Nicholas Nickleby*』에 나오는 '두더보이즈 홀Dotheboys Hall'을 연상시키는 학교였습니다.

1966년, 저는 평생 잊지 못할 경험을 했습니다. 당시 다니던 학교의 영어 교사는 '본조Bonzo'라는 별명으로 불렸습니다. 그것은 코미디 음악밴드의 이름에서 따온 것이었습니다. 어느 날 그의 수업 시간에 저는 무려 23대나 매를 맞았습니다. 본조 선생의 회초리는 당시 인기 있던 아이스크림 이름을 따 '미스터 휘피Mr. Whippy'라고 불렸는데, 이는 '채찍질하는 소리'를 연상시키는 불길한 중의적 표현이었습니다. 그는 매질할 때마다 "이건 너희들에게 아이스크림ice cream이 아니라 스크림scream, 비명을 지르게하도록 만들거야"라는 악의적인 농담을 했습니다. 다행히도 그 학교가 폐교되면서 저는 지역의 '현대학교Modern school'로 전학을 가게 되었습니다. 일반적으로 11+ 시험에 떨어진 학생들이 현대학교에 배정되었지만, 저는 그곳에서 치른 여러 시험에서 우수한 성적을 거두어 '문법학교Grammar school'로 전학할 수 있었고, 이후 대학교까지 진학할 수 있었습니다.

대학 졸업 후 저는 초등학교 교사, 교육심리학자를 거쳐 다섯 개 대학에서 연구자로 일했습니다. 이 기간에 200여 개가 넘는 학교를 방문했고, 다섯 개 지방 교육청에서 근무했습니다. 제 자녀들이 다니던 공립 '종합학교comprehensive school'에서는 학부모 운영위원으로도 활동했으며, 대학생이 된 딸들의 짐을 날라주는 택시 기사 노릇도 매 학기 해야 했습니다. 캐나다의 싱어송라이터 조니 미첼Joni Mitchell의 노래 제목을 빌려 표현하자면, 저는 학교를 "양쪽 입장에서 모두from both sides now" 경험했다고 할 수 있습니다. 이 책에는 필요한 경우 이러한 개인적 경험에서 비롯된 견해도 담았습니다.

이 책은 많은 이들의 도움으로 완성될 수 있었습니다. 특히 두 딸에게 깊은 감사를 전합니다. 케이트Kate는 도표 작성을 도와주었고, 종합학교 교사인 에밀리Emily는 초고에 통찰력 있는 의견을 제시해주었습니다. 교사들의 놀라운 역할을 다시금 일깨워준 초등학생 막내딸 마야Maya에게도 특별한 고마움을 전합니다.

영국과 미국의 여러 독자들도 이 책을 읽고 귀중한 의견을 주었으며, 저의 개인적인 견해를 더 많이 담도록 격려해주었습니다. 초판에 대해 편지와 서평을 보내준 모든 분께도 감사드립니다. 이들의 따뜻한 지지 덕분에 이번 개정판에서도 개인적인 의견을 자신 있게 담아낼 수 있었습니다. 버밍엄대학교 교육학부 동료들의 조언과 아이디어에도 감사드립니다. 다만 이 책에 남아 있을지 모를 오류나 판단의 실수는 전적으로 저의 책임임을 밝혀둡니다.

제 I 장

시작하며

교육 | Education

호모 사피엔스가 지구상에 존재해 온 기간은 3만 년에서 20만 년까지 다양하게 추정된다. 정확한 기간은 알 수 없지만, 현재 인류의 뇌가 초기 호모 사피엔스의 뇌와 동일하다는 점은 분명하다. 우리 현대인은 선조들과 신체적으로 다르지 않으며, 뇌에 새로운 뉴런이 추가되거나 신경 회로가 개선된 것도 아니다.

그러나 인류의 사고 도구인 아이디어, 가설, 이론, 모델은 놀라운 발전을 이루어왔다. 그림 그리기, 글쓰기, 기록하기, 사고하기 등과 같은 기술들은 때로는 시련 속에서도 인류가 꾸준히 학습해 왔으며, 그 성과는 세대를 거쳐 전해져 왔다. 현대인이 과거보다 더 나은 사고와 행동을 할 수 있게 된 것은 바로 이러한 지식의 축적과 세대 간 아이디어 및 정보 전달 덕분이다.

아리스토텔레스, 미켈란젤로, 아인슈타인과 같은 위대한 인물이 3만 년 전이 아니라 최근 몇천 년 사이에 나타난 이유도 이러한 맥락에서 이해할 수 있다. 이처럼 인류는 지식과 정보를 축적하며 지속적으로 발전해 왔고, 앞으로도 계속해서 진보할 것이다.

호모 사피엔스의 빠른 발전은 단순히 우리가 영리해서가 아니다. 우리가 지식을 언어와 소리로 구체화하여 저장하고, 이를 자유자재로 활용하는 특별한 능력을 지녔기 때문이다. 이러한 능력을 통해 우리는 지식을 축적하고 체계화하며, 과거를 이해하고 미래를 상상하며 계획할 수 있었다. 가장 놀라운 점은 이 지식을 다른 이들과 공유하고, 이를 토대로 더 발전시킬 수 있다는 것이다. 우리는 지식과 기술을 자손과 친구, 동료들에게 전수하며, 이를 통해 세대를 거듭하여 지식을 확장해 왔다. 결국 우리의 영리함으로부터 더 중요한 아이디어를 나누고 지식과 기술을 전수하는 방법을 배우는 능력이 나온 것이었다. 교육은 바로 이러한 인류의 고유한 능력에서 시작되었다.

교육은 다양한 형태의 의사소통을 통해 이루어진다. 부모가 자녀에게 아이디어를 설명하는 것, 친구들 간의 대화를 통한 생각 나누기, 서로에게 기술을 시연하고 배우는 과정, 숙련된 장인이 새내기에게 전수하는 도제식 훈련, 그리고 학교와 대학에서 교사가 젊은이들을 가르치는 것 모두가 교육의 일환이다. 교육은 어린 시절에 국한되지 않고 평생에 걸쳐 이루어진다. 뮤지컬 영화 〈웨스트 사이드 스토리West Side Story〉에서 리프Riff가 말했듯이, "어머니의 뱃속에서부터 무덤까지" 모든 것이 교육인 셈이다. 그러므로 우리는 교육이 학교와 대학의 울타리를 넘어서는 더 넓은 개념임을 항상 기억해야 한다.

이 책은 주로 학교와 그 안에서 일어나는 일들을 다룬다. 이는 학교가 교육을 목적으로 특별히 만들어진 기관이기 때문이다. 하지만 학교와 교육이라는 두 개념이 반드시 함께 가는 것은 아니다. 다시 말해, 학교가 있다고 해서 그곳에서 반드시 교육이 이루어지는 것은 아니다. 그럼에도 우리가 주목해야 할 중요한 사실이 있다. 바로 교육자들이 오랫동안 학교를 더 나은 배움의 터전으로 만들기 위해 쉼없이 노력해 왔다는 점이다.

교육에 관한 유명한 말들을 보면, 학교와 교육 사이의 연결은 가상의 연결일 뿐 실제로는 그렇지 않음을 가차없이 폭로한다. 이러한 인용구들은 학교 교육에 대한 신랄한 비판을 담고 있다. 예를 들어, 마크 트웨인은 "나는 학교 교육이 내 교육을 방해하지 않도록 했다"라고 재치 있게 말했고, 윈스턴 처칠은 "내 교육이 중단된 유일한 시기는 학교에 있을 때였다"라며 비슷한 견해를 드러냈다. 알버트 아인슈타인 역시 "교육이란 우리가 학교에서 배운 모든 것을 잊었을 때 남는 것이다"라고 단언했다. 이들이 전하고자 하는 메시지는 분명하다. 학교는 교육에 필수불가결한 제도가 아닐뿐더러, 때로는 오히려 교육을 방해하는 요인이 될 수도 있다는 것이다.

왜 많은 이들이 학창 시절을 돌아보며 아쉬움을 느끼는 걸까? 이러한 감정은 성적과 무관하게, 우수한 학생이든 평범한 학생이든 공통적으로 나타난다. 또한 왜 교육과 학교 교육 사이에서 이런 괴리감을 느끼는 것일까? 이 질문들에 답하기 위해 먼저 '교육education'이라는 단어의 어원을 살펴보자. 이 단어는 라틴어 '에듀케레educere'에서 유래했으며, '이끌어 내다'라는 의미를 가진다. 즉, 교육은 본래 개인에게 내재된 재능과 잠재력을 이끌어내고 키우는 것을 뜻한다. 앞서 언급한 트웨인, 처칠, 아인슈타인과 같은 이들이 학교 교육을 비판한 것은 바로 이 점 때문이었다. 그들이 보기에 학교는 개인의 잠재력을 이끌어내기는커녕 오히려 그것을 억압하고 있었던 것이다.

그렇다면 어떻게 학교에서 이루어지는 활동들이 이러한 교육의 본질적 의미에서 멀어지게 되었을까? 이 의문에 답하기 위해서는 학교의 발전 과정에서 드러난 몇 가지 중요한 쟁점들을 살펴볼 필요가 있다. 이제 학교의 역사적 발전 과정을 간략히 검토하며, 교육과 학교 교육 사이의 간극이 어떻게 형성되었는지 살펴보고자 한다.

학교와 교육

학교의 초기 운영 방식과 교육에 대한 최초의 체계적인 사고는 기원전 5세기에서 4세기 사이의 고대 그리스에서 그 증거를 찾아볼 수 있다. 흥미로운 점은 '학교school'라는 단어가 '여가'를 뜻하는 그리스어 '스콜레σχολή, schole'에서 유래했다는 사실이다. 이는 당시와 지금, 교육을 바라보는 관점이 얼마나 크게 달라졌는지를 잘 보여준다.

고대 그리스인들에게 여가는 단순한 휴식이 아닌 배움과 사색을 위한 시간이었다. 이는 오늘날의 학교 교육과는 매우 다른 접근이다. 그러나 교육 내용을 살펴보면, 그들은 초등학교에서 읽기와 산술을 가르쳤고, 현대의 중등학교에 해당하는 '에페보이 학교Ephebeion'[1]에서는 기하학, 문법, 음악, 수사학 같은 과목들을 배웠으며, 학기말 시험으로 평가를 했다. 이러한 교육 체계는 오늘날 우리의 학교 시스템과 놀라울 정도로 유사하다.

고대 그리스인들은 플라톤의 아카데미아Academia와 아리스토텔레스의 리케이온Lyceum 같은 짐나지움Gymnasium을 운영했다. 이곳에서 젊은 남성들(당시에는 남성들만 교육받을 수 있었다)은 공공 경기를 위해 나체로 운동을 하는 한편, 지적인 교육과 토론, 연구 활동도 함께 했다. 이들에게 옷을 입힌다면, 그 모습은 분명 오늘날의 대학 캠퍼스의 출현이라 할 수 있을 것이다.

플라톤은 『국가Republic』에서 이상적인 국가의 모습을 그리며 교육에 대해 깊이 있게 논의했다. 그는 소크라테스식 대화법을 통해 마치 2천 년 후에 등장할 진보주의 교육자들의 생각을 미리 내다본 듯한 주장을 펼쳤다:

소크라테스: 자, 모든 계산과 기하학 학습은 그들이 어릴 때 시작해야 하지만, 억지로 강요해서는 안 된다네.

글라우콘: 왜 그렇습니까?

소크라테스: 자유로운 영혼은 어떤 학문도 노예처럼 억지로 배우면 안 되기 때문이지. 신체적 노동은 강제로 해도 몸에 해를 끼치지 않지만, 억지로 배운 것은 아무것도 마음에 남지 않네.

글라우콘: 맞습니다.

소크라테스: 그러므로 친구여! 아이들을 강제로 공부시키지

말고, 놀이를 통해 즐겁게 배울 수 있도록 하라.

―『국가』 536d-e; 537a―

플라톤은 여기서 오늘날에도 화두가 되는 교육의 쟁점을 제시했다. 이는 이 책에서 다룰 많은 논의의 중심이 되는 긴장 관계로, 교육에 대한 두 가지 상반된 접근 방식 사이의 갈등이다. 즉, '아이들에게 사실과 개념을 직접 가르쳐야 하는가?' 아니면 '아이들이 스스로 지식을 발견하도록 이끌어야 하는가?'라는 문제다.

플라톤의 위와 같은 견해는 당시 고대 그리스의 주입식 교육에 대한 견제일 뿐 아니라 가혹한 훈육 방식에 대한 반발이었다. 당시의 잔혹한 교육은 헤로다스Herodas의 희곡 〈미모스Mimos〉에 나오는 〈학교 교사〉 이야기에서 잘 묘사되고 있다. 이 이야기에서 한 어머니는 게으르고 불량한 아들을 학교 교사에게 데려가 "마지막 숨을 내쉴 때까지, 죽도록" 매질해 달라고 간청한다.

"이 못난 녀석은 목이 쉬도록 다섯 번이나 소리쳐야 겨우 '알파'라는 글자 하나를 알아볼 정도예요!"라고 어머니가 호소했다. 이에 학교 교사인 람프리스코스Lampriskos는 "어서 가서 쓸모없는 놈들을 혼내주는 내 회초리를 가져오거라. 황소의 음경을 말려 만든 그 채찍 말이다. 내 화가 더 폭발하기 전에!"라고 응답한다. 매질이 격렬하게 이어졌고, 소년의 몸에 '물뱀처럼' 줄무늬가 생기자 비로소 매질을 멈췄다. 그러나 어머니는 "멈추지 말고 해가 질 때까지 계속 때려주세요!"라고 외쳤다. 이처럼 고대 그리스는 학습에 어려움을 겪는 학생들에게 매우 가혹한 장소였던 듯하다. 더욱이 람프리스코스가 덧붙인 마지막 말, "잠시만 기다리시오. 그가 책에 머리를 박고, 역사의 여신인 클리오Clio보다 더 잘 읽을 때까지 더 때려주겠소"에서 볼 수 있듯이, 당시에는 더 많은 체벌이 더 나은 학습을 가져온다고 믿고 있었다.

이처럼 교육에 대한 서로 다른 시각은 수천 년이 지난 지금까지도 크게 달라지지 않았다. 〈미모스〉의 이야기로 보건대, 플라톤이 놀이를 통한 학습을 강조하고 강압적 교육을 경계한 것은 아마도 교육 개혁을 위한 최초의 시도였을지도 모른다. 여기서 우리는 '아이들은 어떤 존재인가?', 그리고 '우리는 그들에게 무엇을 기대해야 하는가?'라는 오랜 교육적 논쟁의 씨앗을 발견할 수 있다.

로마인들은 헬레니즘 시대의 학교 전통을 이어받았으며, 특히 체벌의 관행을 지속했다. 4세기의 성 아우구스티누스Augustinus는 "나는 목적이 뭔지도 모른 채 학교에서 공부했고, 배우는 것이 더디면 매를 맞았다"고 회고했다. 이처럼 체벌은 오랜 시간 동안 교육에서 사라지지 않고 지속된 주제였다.

영국의 저명한 교육사학자 리치A. F. Leach는 고대 로마의 대표적 문장가들인 호라티우스Horatius와 유베날리스Iuvenalis의 시를 통해, 학교가 거의 체벌의 대명사로 여겨졌다고 분석했다. "성품의 수양과 교육은 새벽부터 시작된 학교에서 아이들에게 소리를 지르고, 막대기, 지팡이, 가죽 채찍, 자작나무 회초리로 매질하는 방식으로 이루어졌다." 이는 1850년까지 이어졌던 영국의 학교와도 놀랍도록 유사하다. 체벌은 학교 교육에서 필수적인 요소로 자리잡아, 마침내 일종의 정교화된 기예로까지 발전한 것 같다.

역사를 돌이켜보면, 체벌이 지속적으로 시행된 것은 학교에 다니는 젊은이들에게 부여된 기대와 깊이 연관되어 있음을 알 수 있다. 만약 학생들이 교사의 요구에 자발적으로 순응했다면, 과연 체벌이 필요했을까?

하지만 체벌의 필요성은 언제나 논란의 대상이었으며, 고대 로마에서도 그 효과에 대한 논쟁이 있었다. 예를 들어, 로마의 위대한 교육자 퀸틸리아누스Quintilianus, 35~95는 체벌에 반대했다. 그러나 그는 체벌이 노예에게만 적합하다고 주장함에 따라, 그가 시대를 앞선 자유주의적 교육자로서 평가받을 수 있는 여지는 크게 훼손되었다.

로마의 학교 교육은 대체로 그리스 모델을 따랐으며, 주로 특권층 소년들만을 대상으로 한 소규모 학교였다. 당시 로마

인구의 3분의 1이 노예였다는 점은 주목할 만하다. 소년들과 소녀들 모두 가정교사를 두었고, 어린 소년들은 문법학교에 다녔다. 당시의 문법학교는 현대 영국의 문법학교(성적이 우수한 학생들을 선발하여 교육하는 학교)와 달리 실제로 문법을 가르치는 곳이었다. 이후 소년들은 수사학 학교rhetoric schools에 진학하여 수사학을 배웠다. 교육사학자 리치에 따르면, 로마 교육에서 수사학이 중요했던 것은 공직 생활을 준비하기 위해서였다. 로마 교육의 궁극적 목표는 소년들을 변호사나 정치가로 양성하는 것이었으며, 이를 위해 대중 연설 훈련에 중점을 두었던 것이다.

로마 제국이 몰락한 후 교육의 발전은 한동안 정체되었다. 하지만 8세기에 프랑크 왕국의 샤를마뉴Charlemagne 대제가 등장하면서 새로운 전기를 맞이했다. 그는 '근대 사상의 헌장'이라 불리는 획기적인 칙령을 발표하여, "모든 수도원과 대수도원에 학교를 설립하고, 『성경』의 「시편」을 비롯해 음악, 산술, 문법 등을 가르칠 것"을 명했다.

샤를마뉴 대제의 학문적 자문가였던 영국 출신 학자 알퀸 요크Alcuin of York는 문법, 수사학, 변증법에 관한 교재를 저술했다. 그는 또한 '문법, 논리학, 수사학'으로 이루어진 3학三學, trivium과 '산술, 기하학, 천문학, 음악'으로 구성된 4과四科, quadrivium를 체계화하여, 고전 학문의 '7자유학과Seven Liberal Arts'

의 토대가 되도록 하였다. 이후 11~12세기에는 볼로냐대학, 파리대학, 옥스퍼드대학의 기초 교양과정으로 확립되었다.

이 기관들의 설립에 교회가 끼친 영향력은 막대했다. 교황, 왕, 황제가 세운 새로운 대학들은 교회가 지배했고 그 교수진은 프란치스코회 또는 도미니코회 수도사들로 구성되었다.

이 시기의 교육 혁신은 주로 교회가 주도했으나, 흥미로운 점은 종교적 성격의 학문이 일반 대중까지 널리 퍼져나갔다는 사실이다. 특히 샤를마뉴의 칙령이 발표된 직후, 프랑스 오를레앙 지역의 주교였던 테오둘프스Theodulfus는 "모든 마을과 촌락에 학교를 설립하라"고 명령하여 교육의 대중화를 이끌었다. 참고로, 오늘날의 세속화된 사회에서도 여전히 교회가 학교 교육에 미치는 영향력이 상당한데, 영국의 경우 전체 학생의 3분의 1가량이 종교 재단이 설립한 학교에서 교육받고 있다.

이와 같은 '소규모 문예부흥'[2]은 샤를마뉴 대제로부터 시작되었지만, 그 모든 변화를 단순히 그의 칙령에 따른 결과로만 보기는 어렵다. 예를 들어, 13~14세기에는 토마스 아퀴나스Thomas Aquinas와 '오컴의 면도날'로 유명한 윌리엄 오컴William of Ockham 같은 학자들은 아리스토텔레스의 사상을 기독교 사상에 접목하면서 합리주의에 대한 새로운 인식을 형성했다. 그 과정에서 합리주의와 기독교 교리의 충돌이 일어났고, 이는 지식과 탐구, 그리고 교육의 본질에 대한 깊이 있는 성찰로 이어졌다.

교회와 수도원의 학교, 그리고 대학에서는 교육 방법의 기초도 마련되었다. 현대 강의의 전신인 '렉티오lectio'[3]와 논쟁 중심의 '디스푸타티오disputatio'[4]가 그것이다. '렉티오'는 교사가 일방적으로 텍스트를 읽어주는 방식이었고, '디스푸타티오'는 토론과 논쟁을 통해 주제를 탐구하는 교수법이었다.

중세 후기, 인쇄술이 발명되기 전 새로운 유형의 학교들이 등장하기 시작했다. 미국의 교육학자 닐 포스트먼Neil Postman에 따르면, 이 학교들은 주로 도제 제도와 직업 교육에 중점을 두었다. 학습은 대개 실습을 통해 이루어졌으며, 지식은 문자보다는 구두로 전달되었다. 포스트먼은 중세의 아이들이 열 살 무렵에 학교를 다니기 시작했고, 때로는 그보다 더 늦게 시작하는 경우도 많았다고 설명한다. 이들은 가족과 떨어져 도시에서 독립적으로 생활했고, 다양한 연령대의 성인들과 함께 수업을 듣는 것이 일반적이었다. 따라서 학생들은 단지 '덜 숙련된 성인' 정도로 자신을 인식했을 뿐이다. 다시 말해, 당시에는 오늘날처럼 자신을 성인들과 구별되는 존재, 즉 '어린이나 청소년'으로 인식하지 않았다.

마지못해 학교로 가는구나

셰익스피어Shakespeare, 1564~1616가 살았던 1575년 유럽으로 시선을 돌려보자. 당시는 (이탈리아에서 시작된) 르네상스가 절정에 이르러 학문이 다시금 꽃피던 시기였다. 이 무렵 학교는 오늘날과 거의 유사한 형태를 갖추게 되었다. 영국 스트랫퍼드Stratford에 보존된 셰익스피어의 실제 교실 사진이 보여주듯, 이 시대의 교실 구조는 이후 450년간 이어질 학교의 전형이 되었다.

셰익스피어가 경험한 학교생활은 오늘날의 학생들과 완전히 같지는 않았지만, 많은 면에서 유사했다. 수업은 대부분 라틴어로 진행되었고, 하루 수업 시간이 11시간에 달했으며, 나이에 따라 구분된 대형 교실에서 수업이 이루어졌다. 이처럼 당시의 학교는 오늘날 우리에게 익숙한 학교의 기본적인 특징들을 이미 갖추고 있었다.

1. 셰익스피어 시대의 교실: 소년들은 서로 마주보는 긴 의자에 앉아서 수업을 들었다.

이처럼 짧은 기간에 교육의 현대화가 이루어질 수 있었던 이유는 무엇일까? 바로 한 세기 전인 15세기에 인쇄술이 발명되었기 때문이었다. 이 혁신은 문해력을 필수적인 능력으로 만들었다. 하지만 이는 인쇄술이 가져온 거대한 변화의 극히 일부에 불과했다. 인쇄술의 발명은 사상과 교육의 발전에 있어 세계를 완전히 바꾼 사건으로, 결국 예술, 철학, 문학, 과학에 대한 관심이 꽃피우게 된 르네상스라는 지적 황금기를 탄생시켰다. 그리고 이것이 셰익스피어 시대의 교육 혁신을 가능하게 했다.

그러나 급격한 변화의 물결을 감당하기는 쉽지 않았다. 르네상스가 가져온 지식의 폭발적 증가는 마치 강렬한 빛이 눈을 부시게 하는 것과 같았다. 초기 교육자들은 이 모두를 감당하기 어려웠다. 잔치 앞에 선 굶주린 사람들처럼, 당시 사람들은 지식을 탐구하려는 열망에 사로잡혔다. 이 열망은 모든 학문 분야를 아우르려는 욕구로 이어졌다. 젊은이들이 모든 것을 배우기를 원했고, 모든 과목, 모든 사실, 모든 규칙을 가르치는 데서 해결책을 찾고자 하였다.

학교는 새롭게 축적된 다양한 지식 가운데 핵심적이라 판단되는 과목들을 선별하여 교육과정을 개발했다. 이러한 교육과정은 시간이 흐르면서 그 범위가 확대되고 체계화되어 일정한 형태를 갖추게 되었다. 처음에는 이런 교육과정의 확장이 학문 발전과 지식 전파에 긍정적으로 기여했다. 하지만 시간이 지날수록 교육과정의 틀이 경직되어, 교육은 혁신을 추구하기보다 전통적인 방식을 고수하게 되었다. 결과적으로 이후 수백 년 동안 교육은 이 시기에 굳어진 형태에서 크게 벗어나지 못했다.

교육은 아동의 발달과 필요보다는 교과목 위주로 굳어져 갔다. 특히 그리스와 로마 문화에 대한 경외심과 동경이 맞물려 고전 교육이 교육과정의 중심을 차지하게 되었다. 당시 라틴어가 학문의 공용어였던 만큼, 대부분의 수업은 라틴어로 진행되거나 라틴어 교육에 치중했으며, 이는 당대 사회에서 자연스럽고 당연한 일로 받아들여졌다. 셰익스피어도 이러한 체제에서 교육을 받았다. 먼저 읽기, 쓰기, 셈하기와 같은 기초 교육을 제공하는 (우리의 초등학교에 해당하는) '소학교petty school'에서 공부한 뒤, 라틴어와 오비디우스Ovidius, 키케로Cicero, 베르길리우스Vergilius 등 고대 로마 문학가들의 작품 연구에 초점을 맞춘 중등교육기관인 문법학교로 진학했다.

여기서는 극적 효과를 위해 셰익스피어에 초점을 맞추었지만, 문학이 학교에서 행해지는 새로운 교육으로 혜택을 받았다고 분명히 말할 수 있다. 그러나 이는 다른 측면에서 의문을 불러일으키기도 한다. 즉, 셰익스피어와 동일한 교육을 받았음에도 극작가로 성공하지 못한 그의 동창생들의 경우는 어땠을까? 그들이 공들여 배운 라틴어 문법은 실제로 어떤 가치가 있었을까? 셰익스피어는 이러한 교육과정의 문제점을 예리하게 인식하고 있었다. 그의 작품 〈윈저의 유쾌한 아낙네들The Merry Wives of Windsor〉에서는 이를 날카롭게 풍자했다. 특히 제4막 제1장에서 교사 휴 에번스가 어린 윌리엄에게 라틴어를 강압적으로 가르치는 장면은 당시의 경직된 교육 방식을 꼬집는 대표적인 예시로 볼 수 있다.

휴 에반스: '라피스lapis'가 뭐지, 윌리엄?

윌리엄: 돌이요.

휴 에반스: 그럼 '돌'은 뭐지, 윌리엄?

윌리엄: 조약돌이요.

휴 에반스: 아니야, '라피스'라고 해야지. 제발 네 머릿속에 잘 기억해 두렴.

윌리엄: 라피스.

휴 에반스: 그렇지, 잘했어. 자, 윌리엄, 대명사는 어떻게 변화하지?

윌리엄: 관사는 대명사에서 차용됩니다. 단수형일 때 주격이 힉hic, 핵 haec, 혹hoc이에요.

휴 에반스: 맞아, 주격은 힉hig, 핵hag, 혹hog이야. 잘 들어. 속격은 후유스hujus고, 자, 그렇다면 대격은 뭐지?

윌리엄: 대격은 힝크hinc예요.

휴 에반스: 아이고, 제발 좀 기억하려무나, 대격은 훙hung, 항hang, 혹hog이라니까.

오늘날에도 학교에서 무엇을 가르쳐야 할지를 결정할 때 간과되는 중요한 사실들이 있다. 셰익스피어 시대나 오늘날에나 많은 학생들에게 배움이란 호기심을 자극하는 즐거운 과정이 아닌, 단순하고 지루한 암기 작업으로 여겨지곤 한다. 이러한 교육의 형태는 셰익스피어 시대 이후 수백 년이 지난 지금까지도, 교육의 본질에 대한 깊은 성찰 없이 몇 가지 피상적인 전제들에 기반해 이어져 오고 있다.

그렇다면 당시 학교에서 라틴어 동사 변화를 집요하게 강조하며 가르친 결과는 어떠했을까? 셰익스피어는 그 답을 〈당신 뜻대로〉에서 다음과 같이 생동감 있게 그려냈다:

책가방을 메고 징징대는 학생
빛나는 아침 얼굴로, 달팽이처럼 더디게,
마지못해 학교로 가는구나.

이 구절에서 주목할 만한 점은 '징징대는'과 '마지못해'라는 부정적 표현이 '빛나는 아침 얼굴'이라는 희망찬 이미지와 선명하게 대비된다는 점이다. 셰익스피어는 이러한 대조를 통해 '청춘의 밝은 열정'과 '경직된 학교 교육 현실' 사이의 괴리를 날카롭게 포착했다. 이는 과거나 현재나 학교가 반복하고 있는 오류, 즉 학생들의 호기심과 창의성, 독창성의 불꽃을 꺼뜨리는 현실을 탁월하게 묘사하고 있다.

변화의 요구

과거의 교육은 매우 단순했다. 젊은이들은 특정 직업에 필요한 지식과 기술만을 배웠으며, 그 목적도 오로지 직업을 얻기 위한 것으로 명확했다. 하지만 르네상스 시대에 이르러 학문은 지식인들의 지적 호기심과 관심사를 충족시키기 위해 더욱 폭넓게 제공되었다. 이 과정에서 플라톤이 중시했던 '자기 주도적 사고'는 다양한 교육 내용 속에 묻혀버렸고, 결국 교육은 생기를 잃은 채 기계적으로 수행해야 하는 의무가 되어버렸다.

그러나 플라톤과 아리스토텔레스 같은 고대 사상가들이 제기했던 '교육의 목적'이라는 근본적인 질문이 다시금 주목받기 시작하면서, 교육 방식의 혁신을 촉구하는 목소리도 차츰 커져갔다. 엘리자베스 1세의 가정교사였던 로저 애스캄 Roger Ascham, 1515~1568은 그의 저서 『학교 교사 Scholemaster』에서 '실천을 통한 학습'의 중요성을 역설했다. 그는 "자녀들을 강압과 두려움이 아닌, 놀이와 즐거움을 통해 교육하라"고 강조했다. 같은 맥락에서, 1647년 크롬웰 군대의 의사였던 윌리엄 페티William Petty는 아이들의 자연스러운 호기심과 학습 의지의 중요성을 강조하며 다음과 같이 말했다.

> 아이들은 북, 피리, 바이올린, 딱총나무 총, 풀무 관, 구멍 뚫린 열쇠 등을 가지고 놀면서 배운다. 또한 딱총나무 열매와 양귀비로 깃발과 표식을 만들고, 종이배를 접고 호두껍질도 물 위에 띄우며 즐긴다. 어른들의 시선이 잠시라도 멀어지면, 아이들은 자신만의 도구를 만지작거리며 무언가를 창조하려 시도한다.
>
> ―『할리언 선집Harleian Miscellany』, 1810년에 수록―

교육에 대한 체계적인 성찰과 아이들을 가르치는 근본적인 목적을 깊이 있게 탐구할 것을 주창한 선구자 중 한 명이 바로 체코의 교육자 코메니우스Comenius, 1592~1670였다. 그는 『대교수학Didactica magna』에서 여성을 포함한 모든 이를 위한 보편적 교육을 주장했는데, 이는 당시로서는 매우 혁신적인 발상이었다. 여성 교육의 중요성을 강조했다는 점만으로도, 당시 사회가 인구의 절반인 여성 교육에 얼마나 무관심했는지를 잘 알 수 있다. 코메니우스의 사상은 놀랍도록 현대 교육관과도 맞닿아 있는데, 그는 교육이 특정 시기에 국한되지 않고 평생에 걸쳐 이어져야 한다고 보았다. 또한 그는 학습이 학습자의 수준에 맞게 설계되어야 한다고 강조하며 후대 교육 사상가들에게 깊은 영향을 미쳤다. 특히 "젊은이들에게는 그들의 나이와 정신적 능력이 허용하거나 요구하지 않는 한, 어떤 것도 가르쳐서는 안 된다"는 그의 주장은 주목할 만하다.

코메니우스와 같은 사상가들이 제기한 문제의식이 사회 전반에 폭넓게 받아들여지기까지는 약 200년이라는 긴 시간이 필요했다. 이는 그들의 진보적 사상을 수용할 만한 사회적 기반이 마련되기까지 상당한 시간이 걸렸음을 시사한다. 이러한 시대적 흐름 속에서 등장한 인물이 바로 스위스의 정치철학자 장 자크 루소Jean-Jacques Rousseau, 1712~1778였다. 루소는 1762년 출간한 『에밀 또는 교육론Émile: ou De l'éducation』을 통해 당시 사회에 커다란 파문을 일으켰다. 이 책의 주인공 에밀은 루소의 교육 철학을 상징하는 인물로서, 아동 양육과 교육에 대한 그의 이상을 구현하고 있다. 루소는 에밀을 통해 아이들이 자연 속에서 자유롭게 성장할 수 있는 환경의 중요성을 강조하며, 그의 교육 철학을 다음과 같이 표현했다:

에밀을 답답한 방에 가두지 말라. 매일 들판으로 데리고 나가 마음껏 뛰어다니게 하고, 몸싸움도 하게 하라. 넘어지고 또 넘어지더라도 괜찮다. 자주 넘어질수록 더 빨리 일어서는 법을 터득할 것이다. … 나의 제자는 당신의 제자들보다 더 자주 다칠지 모르나, 언제나 즐거울 것이다. 당신의 제자들은 겉보기에 덜 다칠지 모르지만, 그들의 마음은 늘 좌절과 억압, 슬픔으로 가득할 것이다.(49쪽)

이와 같은 루소의 혁신적이고 매력적인 교육관을 담은 『에밀』은 18세기 파리에서 선풍적인 인기를 끌었다. 서점 주인들은 이 책을 판매하는 것보다 시간 단위로 대여하는 것이 더 수익성이 높다는 것을 발견했다. 그러나 『에밀』에 대한 반응이 예상을 넘어 과열되자, 당국은 이를 통제하기 위해 파리에서는 금서로 지정했고, 제네바에서는 책을 불태우는 극단적인 조치까지 취했다. 루소의 이단적이고 혁신적인 견해는 플라톤과 코메니우스가 강조했던 것처럼, '아이들이 직접 경험하지 않은 것은 진정으로 이해할 수 없다'는 것이었다. 이러한 통찰은 당시 지배적인 철학 사조인 경험주의에 기반을 두고 있었으며, 이는 존 로크John Locke, 1632~1704와 같은 철학자들이 발전시킨 개념이었다. 2장에서는 로크와 루소의 사상을 더 깊이 살펴볼 것이다.

루소의 교육 사상이 일부 유럽의 교육자들에게 영감을 주었던 것은 분명하다. 그러나 그의 '발견을 통한 학습'이라는 혁신적 아이디어가 당시 교육 현장에 실질적인 변화를 가져왔다고 보기는 힘들다. 루소의 사상이 지식인들 사이에서 큰 반향을 일으켰음에도 불구하고, 실제로 학교 제도에 미친 영향은 극히 미미했다. 교육 현장은 기존의 틀을 그대로 유지했으며, 19세기 말 보편적 의무 교육이 도입되기 전까지 여전히 암기와 라틴어 문법 위주의 교육이 지배적이었다. 이러한 전통적 교육 방식은 그 이후에도 근본적인 변화 없이 이어져 갔다.

빅토리아 시대 이후: 20세기 이후

학교 교육의 마르크스주의적 분석은 새뮤얼 보울스Samuel Bowles와 허버트 진티스Herbert Gintis가 쓴 『자본주의 미국의 학교 교육Schooling in Capitalist America』이라는 고전적 저작에서 상세히 다루어진다. 저자들이 제목에 '미국'이라고 한정했지만, 이를 '산업화된 모든 사회'로 바꾸어도 무방할 정도로 보편적인 분석이다. 이들에 따르면, 학교는 자본주의 체제 속에서 교육 본연의 목적을 잃어버렸다. 특히 산업과 군사 부문이 결합된 '산업-군사 기계industrial-military machine'[5]가 사회의 지배적 경제 구조로 자리잡으면서, 학교는 이 체제를 유지하고 강화하는 수단으로 전락했다. 이 체제는 대규모 산업과 군사 활동을 지원할 수 있는 기술과 지식을 갖춘 노동자를 요구했고, 학교는 단순한 지식 전수의 장이 아닌, 자본주의 체제를 재생산하고 그에 순응하는 노동자를 양성하는 기관으로 변질되었다.

보울스와 진티스의 분석이 타당하다는 증거는 충분하다. 그 예로 1870년에 제정된 '포스터 교육법Forster's Act'을 들 수 있다. 이 교육법은 영국의 모든 아이들이 10세까지 의무적으로 교육을 받도록 한 법령이다. 그 이전까지는 학교 출석이 의무가 아니었고, 인구의 절반 정도만이 학교 교육을 받고 있었다. 그러나 당시 의회 회의록을 살펴보면, 이 법의 제정 목적이 대중의 지적 성장을 도모하기 위한 것이 아니었음을 알 수 있다. 다시 말하지만, 이 교육법은 학문에 대한 순수한 열정이나 노동자들의 의식 속에 고대의 영광 또는 과학의 경이로움을 일깨우려는 숭고한 목적에서 만들어진 것이 아니었다.

오히려 기초 교육을 받은 노동 인력의 부족으로 영국 제국이 뒤처질지 모른다는 위기의식에서 비롯된 것이었다. 당시 미국과 프로이센은 이미 초등 무상 의무교육을 실시하고 있었고, 20세기 초에 이르러 미국은 보편적 중등교육까지 제공하고 있었다. 유럽의 학교들도 고전 교과를 줄이고 공학과 과학을 주요 과목으로 채택하는 추세였다. 이러한 변화는 많은 이들에게 충격으로 다가왔지만, 유럽과 미국의 경쟁국들이 이러한 교육과정의 변화를 통해 상업, 산업, 나아가 전쟁에서도 우위를 점하고 있다는 사실은 분명했다. 영국의 수상 윌리엄 글래드스톤William Gladstone도 〈에든버러 리뷰Edinburgh Review〉에 기고한 글에서 프랑스-프로이센전쟁의 결과를 언급하며, "독일의 전쟁 승리는 체계적인 대중 교육의 중요성을 명백히 입증했다"고 평가했다.

보울스와 진티스의 분석에 대한 주요 비판 중 하나는 학교 교육을 단순히 산업계의 노동력 공급 과정으로만 볼 수 없다는 점이다. 실제로 많은 교사들은 학생들의 비판적 사고와 창의성 계발을 위해 최선을 다하고 있다고 반박할 것이다. 하지만 학교 교육을 둘러싼 정치적 논의는 여전히 '기준'과 '결과'에만 초점이 맞춰져 있다. 영국 경영자협회는 '고용 가능성 기술'을 기준으로 학생들의 성과를 평가하는 시험을 더욱 확대하고 있다. 반면 정치인들이 학교가 아이들의 비판적 사고력 함양에 실패하고 있다는 점을 문제삼는 경우는 찾아보기 힘들다. 영국의 사회사학자 트레벨리언Trevelyan은 이런 현실을 지적하며, "교육은 읽을 수는 있지만, 무엇이 읽을 가치가 있는지 구별하지 못하는 방대한 인구를 만들어냈다"(1978)고 일침을 가했다.

트레벨리언의 이 날카로운 지적은 "왜 아이들과 청소년들이 학교에 다녀야 하는가?"라는 근본적인 물음을 던지고 있다. 이 질문은 지난 50년 혹은 100년이 넘도록, 교육을 논의할 때마다 언제나 핵심적인 쟁점이었다. 우리는 교육이 어떻게 이루어지는가 하는 '과정'의 문제뿐만 아니라, 교육의 본질적 '목적과 이상'이 무엇인지에 대해 끊임없이 성찰해야 한다. 이러한 교육의 목적과 이상에 대한 고민은 다음 장에서 다룰 진보적 교육에 대한 논의에서 핵심을 이룬다.

제 2 장

물과 기름: 형식적 교육과 진보적 교육

교육 | Education

플라톤의 아카데미아에서 오늘날 학교에 이르기까지, 다음과 같은 질문들은 여전히 답을 찾지 못한 채 남아있다.

학교는 새로운 세대에게 지식과 기술을 전달하는 것을 주된 역할로 삼아야 하는가? 그렇다면 어떤 지식과 기술을 전수해야 하는가? 아니면 학교는 사회의 예절, 관습, 전통을 전수하는 데 중점을 두어야 하는가? 교육은 사회의 기존 질서와 규범에 대한 순응을 목표로 해야 하는가, 아니면 비판적이고 자유로운 사고를 길러내는 데 초점을 맞추어야 하는가?

결국, 교육에서 가장 큰 논쟁은 '학습 자체에 얼마나 비중을 둘 것인가'와 '자유로운 사고를 얼마나 장려할 것인가'의 문제로 귀결된다. 위대한 소설가이자 교육 개혁자였던 찰스 디킨스는 『어려운 시절Hard Times』에서 엄격한 교사 그래드그라인드라는 인물을 통해 '사실 중심 교육의 폐해'를 다음과 같이 날카롭게 묘사했다.

"자, 내가 원하는 것은 오직 '사실'뿐이다! 이 아이들에게 사실 말고는 절대 아무것도 가르치지 말라 ⋯ 자, 말의 정의를 해보거라." 시시 주프는 갑작스러운 질문에 얼굴이 백지장처럼 하얗게 변했다. "20번 여학생, 말을 정의하지도 못한다고? 이렇게 흔한 동물을 모른다니, 말도 안 되는 소리! 다른 학생, 비처! 네가 말의 정의를 해보거라." "말은 네 발 달린 초식 동물입니다." 비처가 기계적으로 줄줄 읊었다. "이빨은 총 40개로, 어금니 24개, 송곳니 4개, 앞니 12개입니다. 봄에는 털갈이를 하며, 습지에선 발굽이 떨어질 수 있습니다. 발굽은 매우 단단하지만, 철로 편자를 박아야 합니다. 나이는 이빨의 상태로 확인할 수 있습니다." 그래드그라인드가 시시를 보며 말했다. "자, 20번! 이제야 말이 무엇인지 제대로 알았겠지?"

디킨스가 이 장면을 통해 꼬집고자 한 것은 매우 분명하다. 비처가 기계적으로 암기한 정의로는 말의 진정한 본질을 '이해'할 수 없으며, 시시 주프 역시 이런 단순 나열식 설명에서 어떤 의미 있는 깨달음도 얻지 못했다는 점이다. 사실 두 학생 모두 이미 일상적인 경험을 통해 말이 무엇인지 알고 있었다. 하지만 그래드그라인드가 그토록 집착한 '사실'들은 말에 대한 그들의 실제적 이해에 조금도 도움이 되지 않았다.

교육의 오랜 역사에서 '지식의 전달'과 '사고력의 함양' 사이의 대립은 언제나 핵심적인 갈등이었다.

두 교육 사상과 그 전통

교육이 무엇을 추구해야 하는지에 대한 논쟁은 결코 새로운 것이 아니다. 이미 기원전 4세기에 아리스토텔레스는 이렇게 갈파했다.

> 오늘날에도 교육의 목표에 대한 서로 다른 견해들이 존재한다. 이는 젊은이들이 덕성을 기르기 위해, 또는 최선의 삶을 살기 위해 무엇을 배워야 하는지에 대해 공통된 기준이 없기 때문이다. 또한 교육이 지적 능력의 개발에 중점을 두어야 하는지, 아니면 인격 형성에 초점을 맞춰야 하는지도 여전히 분명치 않다. … 교육이 실용적 가치를 추구해야 하는지, 덕성의 함양을 목표로 해야 하는지, 아니면 탁월한 성취를 지향해야 하는지도

여전히 불분명하다.

—아리스토텔레스, 『정치학』, VIII, ii, 1337a33—

교육이 지적 능력의 개발에 중점을 두어야 하는지, 덕성 함양을 추구해야 하는지, 아니면 '성취'를 목표로 삼아야 하는지에 대해서는 여전히 명확한 해답을 찾지 못하고 있다. 2천 년이라는 시간이 흘렀음에도 이 문제는 여전히 미해결 상태로 남아있다. 놀랍게도 아리스토텔레스의 통찰은 오늘날에도 여전히 신선하고 적절하게 다가온다.

아리스토텔레스가 지적한 이러한 대립 속에는 교육의 역사를 관통하는 두 가지 주요한 사상적 흐름이 존재한다. 이는 일반적으로 '진보주의'와 '형식주의'로 불리는데, 다른 명칭들도 있지만 여기서는 이 용어를 사용하도록 하겠다. 이 두 전통은 수백 년 동안 공존해 왔으나, 서로 간의 교류는 거의 없었으며, 세계관과 지식, 학습에 대한 전혀 다른 전제들 속에서 각자의 길을 걸어왔다. 그렇기에 이 둘 사이에 의미 있는 관계를 맺는 것은 거의 불가능했을 것이다.

이러한 사상적 차이는 몇 가지 핵심 질문들로 정리해볼 수 있다. 이 질문들에 대한 각각의 답변은 두 입장을 지지하는 이들이 지식, 학습, 그리고 아동의 본질과 성장 과정에 대해 얼마나 다른 시각을 가지고 있는지를 잘 보여준다. 그 질문들은 다음과 같다.

지식: 지식을 바라보는 시각은 어떠해야 하는가? '지식을 확고부동한 실체'로 보고 이를 기록하고 축적하여 다음 세대에 전수해야 하는가? 아니면 '지식은 끊임없이 변화하는 유동적인 것'이므로, 개인이 스스로 발견하고 체득했을 때 가장 가치 있는 것인가?

학습: 학습의 본질을 어떻게 이해해야 하는가? 학습이란 '검증된 사실과 기술을 습득한 결과'로 확인되는 것인가, 아니면 '추론하고 문제를 해결하는 과정'에서 드러나는 것인가?

아동: 아이들을 어떤 존재로 바라보아야 하는가? 사회와 경제의 미래 구성원으로서, 성인이 되기 위한 준비가 필요한 존재로 봐야 할까? 아니면 아이들의 발전을 '준비'보다는 타고난 자질을 '계발'하는 데 초점을 맞춰야 할까? 그들을 독자적이고 창의적으로 사고하는 주체로 인정해야 할까? 나아가 그들만의 독창성과 개성으로 문화 발전에 기여할 수 있는 존재로 봐야 할까?

이제 이러한 근본적인 질문들을 토대로 두 가지 상반된 교육관을 살펴보도록 하겠다.

진보주의 교육자들

제1장에서 소개했던 장 자크 루소의 등장은 하나의 전환점이었다. 앞서 논의한 교육에 관한 근본적인 질문들이 대중의 인식 속에 명확히 각인되기 시작한 것은 18세기 중반, 이 스위스 출신 사상가가 『에밀』을 출간한 이후였다. 그의 사상은 진보적 교육의 기틀을 마련했는데, 이는 아이를 성인과는 다른 존재, 즉 열린 마음을 가진 열정적 학습자로 바라보는 그의 독특한 시각에서 비롯되었다.

루소는 아이들이 단순히 지식을 주입받는 존재가 아니라, 직접 경험을 통해 배우는 존재라고 보았다. 그는 아이들을 작은 과학자에 비유하고, 이들은 시행착오를 거치며 세상과 상호작용하는 가운데 경험적으로 학습한다고 주장했다. 더불어 아이들의 열린 마음은 성인의 굳어진 사고와는 달리, 학습에 특히 적합한 상태라고 보았다. 아이들의 사고는 '가소성 plasticity'을 지니고 있어 새로운 경험에 따라 유연하게 자신을 형성해 나간다는 것이다.

아이를 작은 실험자로 보는 이러한 시각은 루소 시대에 부상하던 새로운 경험주의 철학과 맥을 같이했다. 경험주의는 당시 새롭게 떠오르던 사상적 조류였다. 그 이전까지만 해도 난해한 질문들에 대해 '한번 알아보자'는 탐구적 접근보다는 '그것은 신의 뜻이다'라는 식의 권위적인 답변이 지배적이었다. 하지만 경험주의 철학자들은 진정한 지식은 오직 경험을 통해서만 얻을 수 있다고 주장하기 시작했다. 즉, 우리의 눈과 귀로 직접 확인한 증거, 시행착오를 통한 세상과의 상호작용, 그리고 다양한 실험을 통해서만 지식을 얻을 수 있다는 것이다. 이러한 새로운 과학적 관점은 계몽주의 시대의 중요한 패러다임 변화였다.

경험주의와 계몽주의 철학의 발전에 결정적인 영향을 미친 인물은 영국의 철학자 존 로크였다. 그는 교육에 깊은 관심을 보였으며, 루소의 『에밀』이 출간되기 수십 년 전인 1693년에 『교육론 Some Thoughts Concerning Education』을 펴냈다. 이 간결한 책은 로크가 친구 에드워드 클라크의 자녀 교육에 관해 쓴 편지들을 바탕으로 만들어졌다. 로크는 아이를 실험자로 보는 루소의 관점에 이론적 기반을 제공했을 뿐만 아니라, "나는 아이들의 마음이 물처럼 쉽게 변화할 수 있다고 생각한다"는 그의 통찰은 루소가 아이들의 마음이 가소성을 지닌다는 개념을 발전시키는 데도 중요한 영감을 주었다.

아이들을 경험주의자로 바라보는 로크의 통찰력 있는 관점을 논하기에 앞서, 그의 『교육론』에는 혜안 못지않게 다소 기묘한 조언들도 담겨 있음을 짚고 넘어갈 필요가 있다. 예를 들어, 그는 이렇게 주장했다.

> **멜론**, **복숭아**, 대부분의 **자두** 종류, 그리고 영국에서 재배되는 모든 **포도**는 아이들에게 **완전히 금지**해야 한다. 이것들은 매우 달콤하고 유혹적인 맛이지만 건강에 대단히 해로운 즙을 가지고 있기 때문이다. (20쪽, 원문강조)

하지만 '유혹적인 맛'과 '건강에 해로운 즙'을 경계하면서도, 로크는 딸기, 체리, 구스베리, 건포도는 충분히 익었다면 아이들이 먹어도 무방하다고 보았다. 또한 그는 아이들의 배변 활동에 대해서도 깊은 관심을 보였는데, 규칙적인 배변의 절대적 중요성을 강조하면서도 그 규칙성이 배변물의 밀도나 단단함을 희생시키면서까지 이루어져서는 안 된다고 주장했다. 이는 "아주 **묽은** 배변을 하는 사람들은 강한 정신이나 튼튼한 신체를 거의 가지지 못한다"(22쪽, 원문 강조)는 그의 독특한 신념에서 비롯된 것이었다.

경험주의의 창시자 중 한 명인 로크가 경험적 근거 없이 이러한 조언을 한 것은 다소 모순적으로 보일 수 있으나, 이는 부차적인 문제다. 로크의 진정한 통찰은 아이를 특별한 존재로 인식한 데 있다. 그는 아이를 지식을 발견하고 배우려는 열망을 지닌 능동적 학습자로 보았다. 특히 로크가 '유연성 tractableness'이라 표현한 아이의 특성, 즉 환경에 쉽게 적응하고 새로운 지식을 받아들이는 특성은 주목할 만하다. 이는 지식을 권위적으로 주입하는 것이 아닌, 경험을 통해 학습한다고 보는 그의 관점과 일맥상통한다. 이러한 시각은 당시 교육 방식에 새로운 지평을 열었다. 로크의 유명한 표현대로, 아이들의 마음은 '백지상태tabula rasa'이기에 그들은 발견과 증거를 통한 경험주의적 학습을 할 준비가 되어 있다는 것이다.

아이를 기존과는 다른 종류의 학습자로 보는 이 혁신적 관점은 로크로부터 시작되었다. 이는 매우 중요한 통찰이었다. 과일에 관한 독특한 조언들에도 불구하고, 로크는 학습에 대한 획기적이고 의미 있는 접근법을 제시했다. 이는 아이들의 실제 학습이 이루어지는 과정 혹은 학습이 실패하는 과정에 대한 세밀한 관찰과 이해에 바탕을 두고 있다. 예를 들어, 그는 읽기 학습에 대해 "아이가 결코 그것을 일이나 과제로 여기지 않도록 세심하게 주의를 기울여야 한다. 우리는 본능적으로 요람에 있을 때부터 자유를 사랑하며, 다른 이유가 아닌, 단지 강요된다는 이유만으로 많은 것에 반감을 갖게 된다"(113쪽)고 설파했다. 이는 강제적 학습이 아이들의 흥미와 동기를 꺾는다는 그의 통찰을 보여준다. 로크는 2천 년 전 플라톤과 마찬가지로 강제가 아닌 즐거움을 통한 학습을 강조했다. '학습을 놀이처럼 만들라'는 것이 그의 교육 철학을 관통하는 핵심 원칙이었을 것이다.

로크가 『교육론』을 저술한 1693년은 새뮤얼 버틀러Samuel Butler가 그의 풍자시 「허디브라스Hudibras」에서 "매를 아끼면 아이를 망친다"라는 구절을 널리 알린 직후였다. 이 격언은 당시 자녀 양육의 금과옥조로 여겨졌는데, 이는 2천 년 전 람프리스코스 선생이 황소의 음경을 말려 만든 채찍을 휘둘렀던 관행과 크게 다르지 않았다.

이러한 시대적 맥락에서 로크의 교육 철학은 매우 혁신적이었다. 그는 현대 유아 교육의 선구자라고도 할 수 있다. 로크는 알파벳이 새겨진 주사위를 이용하는 놀이와 같이 아이들에게 즐거움과 학습 동기를 불어넣는 방법을 제시했다. 이는 체벌 위주의 당대 교육 관행과는 극명하게 대비되는 접근이었다. 특히 로크는 부모와 교사들에게 아이들에게 너무 이른 시기에 읽기를 강요하지 말 것을 당부했는데, 이러한 그의 견해는 오늘날의 교육 정책 입안자들에게도 신선한 충격을 줄 만한 것이었다. 그는 『교육론』에서 "차라리 아이가 읽기를 한 해 늦게 배우는 것이 학습에 대한 반감을 갖게 되는 것보다 낫다"(116쪽)라고 강조했다.

로크의 주장은 매우 타당하고 선견지명이 있는 견해였다. 이를 입증하는 좋은 사례로 오늘날 청소년 문해력이 세계 최고 수준인 핀란드를 들 수 있다. 핀란드는 세계에서 가장 늦은 취학 연령을 가진 국가 중 하나로, 아이들이 7세가 되어야 학교에 입학한다. 그럼에도 불구하고 읽기 능력에서 최상의 결과를 보이고 있다. 이처럼 로크가 제시한 "교육을 조금 늦추라"는 조언은 현대 교육에서도 그 타당성이 입증되고 있다. 핀란드의 늦은 취학 연령과 뛰어난 읽기 능력의 상관관계는 종종 '핀란드의 역설'이라고 불린다. 하지만 이는 실제로는 역설이 아니다. 이것이 역설적으로 보이는 것은 '가능한 한 빨리, 가능한 한 많은 기회를 제공하고, 가급적 태아 때부터 체계적으로 정보를 주입하는 것이 학습에 가장 효과적'이라고 믿는 사람들의 관점에서일 뿐이다.

로크의 교육관은 아이들에 대한 관찰과 더불어, 그의 정치와 사회에 대한 견해를 바탕으로 형성되었다. 우리는 로크를 최초의 진보적 교육자로 평가할 수 있다. 그는 동시대인들과 후대 사람들에게 아이들을 특별한 학습자로 인식하도록 영향을 미쳤을 뿐만 아니라, 교육이 자유롭고 열린 정치 체제를 발전시키는 데 핵심적인 역할을 한다고 보았기 때문이다. 로크는 정치 체제가 제대로 작동하기 위해서는 공정하고 열린 마음을 가진, 독립적으로 사고하는 시민들이 필요하다고 강조했다. 반면에 그는 권위에 맹목적으로 순응하는 사람들로 이루어진 사회는 바람직하지 않다고 보았다.

로크는 『오성의 사용에 관하여*Of the Conduct of the Understanding*』[6]에서 "거의 사고하지 않고, 부모, 이웃, 목사 등 다른 사람들의 사례를 따라 행동하고 생각하는 사람들, … 스스로 생각하고 검토하는 수고와 번거로움을 피하려는 사람들"(169쪽)을 강하게 비판했다. 이러한 로크의 견해는 아리스토텔레스의 사상과 맥을 같이한다. 아리스토텔레스는 수 세기 전에 쓴 『정치학』(제8권)에서 "젊은이들의 교육을 준비하는 것이 입법자의 최우선 의무라는 사실을 누구도 부인하지 않을 것이며, 이것이 행해지지 않는 국가에서는 정치 체제의 질이 저하될 것이다"라고 주장했다.

로크는 열린 사고방식과 자유로운 지적 토론이 교회와 귀족의 과도한 정치적 영향력을 억제하는 데 도움이 될 것이라고 믿었다. 그의 사상은 서구의 정치 전반에, 특히 미국 헌법의 형성에 깊은 영향을 미쳤다. 이러한 점에서 로크는 교육과 정치의 긴밀한 관계를 보여주는 대표적인 사상가라고 할 수 있다. 로크와 같이 사회를 변화시키고 개선하려는 사람들뿐만 아니라, 사회의 혼란이나 붕괴를 막으려는 사람들에게도 교육은 언제나 중요한 관심사였다. 이러한 점은 앞으로 다룰 형식주의자들에 대한 논의에서 더욱 분명히 드러날 것이다.

이 새로운 사상들은 이후 300년 동안 서로 엇갈린 다양한 반응을 불러일으켰다. 그러나 그 불꽃은 교육에 대한 새로운 사고와 실천을 촉발했으며, 그중 열정적인 지지자들은 다양한 실험학교를 설립하여 교육의 변화를 이끌었다. 그 지지자들 중 가장 대표적인 인물이 스위스 출신의 요한 하인리히 페스탈로치Johann Heinrich Pestalozzi, 1746~1827였다. 페스탈로치는 장 자크 루소를 깊이 존경하여 자기 아들의 이름을 장 자크라고 지을 정도였다. 그는 루소의 사상을 발전시키면서 아리스토텔레스, 베이컨, 코메니우스 등의 사상을 접목해 실제적인 교육 방법을 만들어냈다. 자신이 직접 학교를 열어 루소와 다른 사상가들이 제시한 방법들을 실천하며, 독자적인 교육 방식을 발전시켜 나갔다. 이러한 그의 교육 방식은 『게르트루는 어떻게 그녀의 아이들을 가르치는가How Gertrude Teaches her Children』라는 다소 투박한 제목의 책에 자세히 서술되어 있다. 페스탈로치는 루소가 강조한 탐구와 관찰의 중요성을 이어받으면서도, 이를 마음과 지성의 통합을 중시하는 전인적 교육으로 발전시켰다. 또한 아이들에 대한 애정과 존중을 교육의 핵심으로 삼았으며, 그의 학교에서는 어떤 체벌도 허용되지 않았다. 그는 "돌봄과 온정이 없다면, 신체적 능력도 지적 능력도 자연스럽게 발달할 수 없다"고 주장했다.

페스탈로치의 제자인 독일인 프리드리히 프뢰벨Friedrich Fröbel, 1782~1852이 그 뒤를 이었다. 프뢰벨은 페스탈로치의 학교에서 보낸 시간과 관찰을 토대로, 특히 유아 교육에 중점을 두어 이 사상을 더욱 발전시켰다. '킨더가르텐kindergarten'이라는 단어는 프뢰벨이 만들어냈다. 그는 어느 날 튀링겐 언덕을 거닐다가 '아이들의 정원' 또는 '아이들을 위한 정원'이라는 뜻으로 이 말을 떠올렸다. 오늘날 이 단어는 전 세계적으로 유아원이나 유치원을 가리키는 말로 사용되고 있다. 프뢰벨은 1826년에 『인간의 교육*Die Menschenerziehung*』⁷을 출간했다. 이 책에서 그는 실용적이고 창의적인 활동과 놀이의 중요성을 강조했으며, 교육이 유아기부터 성인기 이후까지 이어지는 지속적인 과정임을 역설했다. 프뢰벨에게 교육은 단순히 지식을 전달하는 것이 아니라, 아이들의 타고난 재능을 지원하고 육성하는 과정이었다.

페스탈로치와 프뢰벨의 사상을 바탕으로, 1900년대 초 마리아 몬테소리Maria Montessori, 1870~1952는 자신만의 교육 방법을 개발했다. 그녀는 아이들의 자기 관리와 환경 관리 같은 실용적인 과제를 중시하며, 교육의 중심에 독립성을 두었다. 탁월한 소통력과 카리스마를 지닌 몬테소리는 유아동의 학습에서 자유와 자율성의 중요성을 강조했다. "집중하고 있는 아이를 절대 방해하지 말라"는 그녀의 좌우명이었으며, 이러한 교육 방식은 한때 유럽과 미국 전역에서 널리 채택되었다. 1936년 나치 독일의 몬테소리 교육 금지령은 오히려 그녀의 교육 철학이 품고 있던 진정한 힘을 웅변하는 사건이었다.

그러나 진보주의 교육 사상은 부분적인 발전에 그쳤을 뿐, 대중적인 운동으로 확산되지는 못했다. 18세기 파리의 귀부인들은 루소의 매력에 열광하여 그의 초상화를 목걸이 펜던트에 넣어 둘 정도였지만, 그의 사상과 추종자들의 교육 이념을 주류 교육에 도입하는 데는 많은 저항이 있었다. 이는 자유에 대한 그의 사상이 당시로서는 너무 급진적으로 여겨졌기 때문이다. 이후 한 세기가 지나도록 이러한 상황은 크게 달라지지 않았다. 진보적 교육으로의 전면적 전환은 여전히 실험적이거나 비주류적인 것으로 여겨졌고, 그 시도는 주로 소규모 사립 기관에서 산발적으로 이루어졌다.

진보적 교육의 발전에서 가장 중요한 역할을 한 인물은 존 듀이였다. 그는 1896년 시카고대학 근처 하이드 파크 지역에서 온 16명의 학생을 데리고 실험학교Laboratory School를 시작했다. 이 학교는 당시 미국 내 어떤 학교에서도 시도한 적 없는 진보적 교육의 실천을 표방하는 곳이었다. 듀이의 교육 목표는 기존의 교육 방식을 혁신하는 것이었다. 그는 기계적이고 반복적인 훈련 대신, 살아있는 현재 삶의 경험이나 활동과 관련된 '프로젝트project' 학습을 강조했다. 이를 통해 학교를 학생들이 서로 협력하며 배우는 '협력적 공동체'로 창조해내는 것이 바로 듀이의 목표였다. 듀이에 대해서는 제4장에서 더 자세히 다룰 것이다.

형식주의 교육과 진보주의 교육

교육의 역사를 살펴보면, 진보적 교육관을 대표하는 영향력 있는 사상가들은 비교적 많았지만, 형식주의 교육을 옹호하는 주요 사상가들은 상대적으로 찾아보기 어렵다. 이러한 현상이 나타난 이유는 형식주의는 오랫동안 당연하게 받아들여져 온 전통적인 교육 방식이었기 때문에 굳이 이를 특별히 옹호하거나 정당화할 필요성을 느끼지 못했던 것이다. 반면 진보주의자들은 이러한 기존의 형식주의 교육에 대해 근본적인 의문을 제기하고, 새로운 대안을 적극적으로 모색하는 과정에서 자연스럽게 더 많은 이론적 논의를 발전시켜 온 것이다.

형식주의 교육의 핵심은 새로운 세대에게 지식과 정보를 전달하는 데 있다. 형식주의자들은 문화와 문명을 후세에 반드시 전달해야 할 귀중한 지혜의 보고로 여긴다. 그들에게 교육의 본질은 지식 전달이며, 따라서 '가르치는 행위'가 교육의 중심이 된다. 아이의 내면에서 시작되는 발달을 강조하는 진보적 교육자들과는 달리, 형식주의 교육자들은 외부에서 이루어지는 형성에 중점을 두기 때문이다. 즉, 아이들이 사회, 문화, 문명의 지식과 아이디어, 신념, 개념, 비전에 자연스럽게 노출되면서 발달해 나간다고 보는 것이다.

형식주의적 교육관은 크게 두 가지로 해석된다. 하나는 보수적 해석으로, 지식을 전달하는 '가르침'을 중시한다. 다른 하나는 자유주의적 해석으로, 기존의 전통에 능동적으로 참여하도록 '이끄는 것'에 초점을 맞춘다. 20세기 철학자 마이클 오크쇼트Michael Oakeshott, 1901~1990는 이러한 자유주의적 교육 개념을 깊이 있게 발전시켰다. 그는 교육을 '인류의 대화'의 일부로 보았다. 교사들은 학생들에게 이 인류의 대화에 참여하는 방법을 가르치며, 학생들은 이전 세대의 '목소리'를 듣는 동시에 자신의 목소리를 발전시키는 법을 배우게 된다. 이러한 오크쇼트의 관점은 단순히 형식주의로만 규정하기는 어렵다. 실제로 형식주의라는 개념은 깊이 들어갈수록 그 의미가 복잡해지고 다양한 해석이 가능해져, 명확한 정의를 내리기가 점점 더 어려워진다.

그렇다면, 형식주의와 진보주의 교육자들이 각각 중요하게 여기는 교육의 원칙들은 어떤 점에서 차이를 보이는지 살펴보자.

교육은 이끌어내는 것인가, 지식과 기술의 습득인가?

진보주의자들에게 교육은 비판적 사고 능력을 함양하는 과정이다. 이들은 교육이 아동 중심이어야 하며, 문제 해결 능력을 기르는 데 초점을 맞춰야 한다고 주장한다. 반면, 형식주의자들에게 교육은 삶의 행복과 성공을 위해 필요한 지식과 기술을 전달·습득하는 과정이다. 이들은 개인과 사회의 발전을 위해 필요한 지식과 기술을 체계적으로 전수하는 데 중점을 둔다.

학습은 쉬운 것인가, 어려운 것인가?

진보주의자들은 학습을 자연스러운 과정으로 본다. 그들의 관점에서 학습은 끊임없이 일어나는 현상이며, 인간은 본질적으로 학습하도록 타고났다. 이를 뒷받침하는 예로, 의도적인 가르침이 없는데도 아이들이 언어를 습득하는 현상을 들 수 있다. 진보적 교육자들은 이러한 언어 학습 과정이 우리에게 중요한 통찰을 제공한다고 주장한다. 이는 인간이 선천적으로 고도의 학습 능력을 갖추고 있음을 보여준다는 것이다. 다시 말해, 적절한 환경만 조성되면 인간에게 학습은 자연스럽게 이루어진다. 이러한 관점에 따르면, 교육의 핵심은 아이들에게 정해진 생각을 가르치는 것이 아니라 스스로 사고하는 능력을 기를 기회를 제공하는 것이다.

반면, 안타깝게도 형식주의자들에게 학습은 힘든 일이다. 그들은 '고통 없이는 얻는 것도 없다'는 격언을 교육 원리로 받아들인다. 이러한 관점에서 인생의 중요한 지식은 체계적인 학습과 훈련이라는 힘든 과정을 거쳐야만 습득할 수 있다고 주장한다. 형식주의자들은 복잡하고 필수적인 지식은 결코 쉬운 방법으로 습득할 수 없다고 믿는다. 이를 보여주는 대표적인 예가 글쓰기 학습이다. 글쓰기를 제대로 배우기 위해서는 언어의 구조를 이해하고 문법 규칙을 철저히 익혀야 한다. 이처럼 학습은 결코 쉽지 않으며, 단순히 '발견'하는 것만으로는 불가능하다는 것이 형식주의자들의 핵심 주장이다.

자율에 기반한 발견인가, 권위에 기반한 전수인가?

진보주의자들과 형식주의자들은 교육에 대해 상반된 견해를 가지고 있다. 진보주의자들은 교육을 발견과 놀이의 과정으로 보지만, 형식주의자들은 이러한 접근에 비판적이다. 형식주의자들은 진보주의적 접근이 인류의 지적 유산을 경시한다고 주장한다. 그들은 수많은 세대를 거쳐 전수되고 확립된 아이디어, 규칙, 전통의 중요성을 강조한다. 이 지식 체계는 수천 년에 걸친 시행착오와 고난을 통해 축적된 것이다. 형식주의자들의 관점에서, 아이들이 스스로 모든 사실을 발견하기를 기대하는 것은 비현실적이다. 그들은 언어의 규칙, 자연의 법칙, 기하학의 정리 등을 '발견'의 대상이 아닌, 전달되고 전수되어야 할 지식으로 본다. 더 나아가 형식주의자들은 우리 삶에서 신뢰해야 할 것들이 많다고 주장한다. 이는 우리가 일상생활에서 전문가들의 지식과 경험을 신뢰하고 그들의 안내를 따르며 살아가는 것과 같은 이치이다.

형식주의자들은 권위에 기반한 학습 방식이 결코 부끄러운 것이 아니며, 오히려 학문적으로 정당하다고 주장한다. '스스로 발견할 때 가장 잘 배운다'는 말은 매력적으로 들릴 수 있지만, 이는 현대 사회의 기반을 이루는 광범위한 지적 유산을 간과하는 것이라고 본다. 이들의 관점에서, 학생들이 경험하는 '발견'은 사실 이미 확립된 지식의 일부를 체험하는 것에 불과하다. 예를 들어, 프리즘을 통해 빛이 무지개색으로 분해되는 현상을 관찰하는 것은 진정한 의미의 발견이라기보다 기존 과학적 지식의 일부를 경험하는 것이다. 형식주의자들은 이러한 경험을 '빙산의 일각'에 비유한다. 학생의 직접적인 관찰은 빙산의 표면에 불과하며, 그 아래에는 신뢰를 바탕으로 받아들이는 수 세기에 걸쳐 축적된 방대한 과학적 지식과 이론이 존재한다는 것이다. 따라서 이러한 '발견' 과정은 실제로 기존의 권위 있는 지식을 받아들이는 과정에 불과한 것으로 본다.

형식주의자들은 계속해서 말한다. 효과적인 학습 방법과 비효율적인 방법이 존재한다면, 왜 아이들이 비효율적인 방법과 씨름하도록 방치해야 할까? 효과적인 방법을 바로 가르치는 것이 더 낫지 않을까? 아이들이 혼란스러워하거나 잘못된 학습 습관을 들이지 않도록, 처음부터 효율적인 학습 방법을 제시하는 것이 더 바람직하지 않을까? 더 나아가, 아이들이 시행착오를 거치며 스스로 깨닫기를 기다리기보다는 학습 내용의 구조와 핵심을 직접 가르치는 것이 더 효과적이지 않을까? 이처럼 명확하고 직접적인 교육 방식을 택하지 않고 불필요한 시행착오를 하도록 놔두는 것은 사실상 아이들을 괴롭히는 잔인한 행위가 아닐까?

형식주의자들은 발견학습이 지식을 자기 것으로 느끼게 하는 장점이 있다고 인정한다. 학습자가 스스로 무언가를 발견했다고 느끼면 그 지식을 진정으로 자신의 것으로 받아들이게 된다는 것이다. 하지만 그들은 이것이 학습 과정의 일부일 뿐이라고 주장한다. 형식주의자들의 관점에서, 아이들에게 새로운 지식을 체계화할 수 있는 관련 아이디어와 정신적 모델의 기반이 없다면 그들의 발견은 의미를 잃는다. 이 때문에 아이들은 하나의 지식이 다른 지식과 어떻게 연결되는지, 그리고 그 연결이 왜 중요한지를 이해하지 못하게 된다. 따라서 형식주의자들은 아이들에게 '구조structure'가 필요하다고 본다. 이 구조는 새로운 지식을 체계화하고 견고히 하며, 각 부분 간의 연결성과 그 이유를 설명해주는 역할을 하기 때문이다. 형식주의자들은 이러한 구조를 통해 아이들은 개별적이고 파편화된 지식이 아닌, 서로 유기적으로 연결된 통합적 지식 체계를 구축할 수 있다고 주장한다.

질문·의심 대 구조·안정

진보주의자들의 교육 목표는 젊은이들에게 질문하는 마음을 길러주는 것이다. 그들은 질문과 의심이 과학적 성향의 핵심이라고 본다. 이러한 접근은 단순히 학문적 영역에 국한되지 않는다. 진보주의자들은 사회 발전과 민주주의 강화를 위해서도 비판적이고 도전적인 사고방식이 필요하다고 주장한다. 그들은 정치인, 지도자, 그리고 권위 있는 이들에게 끊임없이 책임을 물어야 한다고 믿는다. 이러한 맥락에서 교육은 '비판적 태도'를 기르는 핵심 도구이다.

형식주의자들도 대중의 비판적 사고 능력이 중요하다는 점을 인정한다. 그들은 성직자나 정치인의 말을 맹목적으로 받아들이지 않는 대중이 필요하다는 점에 동의한다. 하지만 아이들에 대한 접근에서는 다른 견해를 보인다. 형식주의자들은 어린 시절에 질문하는 태도를 장려하는 것이 적절하지 않다고 주장한다. 그들의 관점에서 아이들은 성인과는 다른 교육적 접근이 필요하며, 아이들에게는 질문하는 태도보다는 '안정감, 구조, 권위'를 더 필요로 한다고 믿고 있다. 그들은 아이들이 복잡한 문제에 대해 스스로 결정을 내리는 것을 부담스러워하며, 명확한 방향과 질서를 통해 안정감을 지니게 된다고 주장한다.

도제식 학습 대 전통적 수업

진보주의자들은 학생들이 도제식 학습처럼 교사와 일대일로 또는 소집단으로 상호작용할 때 가장 잘 배운다고 주장한다. 반면 형식주의자들은 이러한 방식이 일반적인 교실 환경에서는 현실성이 떨어진다고 반박한다. 그들은 교사 한 명이 20~30명의 학생을 담당하는 상황에서, 일부 학생들과 개별 학습을 진행하는 동안 나머지 학생들의 학습은 어떻게 이루어질 수 있는지 의문을 제기한다.

내재적 동기 대 외재적 동기

'아이들에게 동기를 부여하고 호기심을 자극하며 주의력을 집중시키는 방법은 무엇일까?'에 대해 진보주의자들과 형식주의자들은 서로 다른 견해를 보인다. 진보주의자들은 학습에 대한 동기부여가 과제나 주제 자체에 대한 흥미와 몰입을 통해서만 생긴다고 주장한다. 이를 '내재적 동기'라고 부른다. 그들은 아이들이 흥미를 느껴야만 활동에 자발적으로 참여하고 싶어 한다고 주장한다.

반면 형식주의자들은 이러한 '내재적 동기' 개념이 이상적일 뿐 현실과 거리가 있다고 비판한다. 그들은 일부 과목이 본질적으로 지루할 수밖에 없으며, 이를 피할 수 없는 현실이라고 말한다. 예를 들어, 교사가 화학의 주기율표를 흥미롭게 만들려 노력해도, 그 내용을 이해하는 과정은 근본적으로 힘들 수밖에 없다는 것이다. 따라서 형식주의자들은 학습 의욕이 외부에서 주어져야 한다고 주장한다. 교실에서의 보상, 교사의 칭찬과 인정, 좋은 성적에 대한 욕구, 학부모에게 전달되는 성과, 그리고 다양한 보상과 제재를 통해 학습을 이끌어야 한다는 것이다. 더 나아가 형식주의자들은 어렵고 지루한 일을 해내는 것이 현실 세계의 일부이므로, 아이들이 이러한 현실에 익숙해질 필요가 있다고 본다.

이 두 가지 교육 접근법은 다양한 이름으로 불리어 왔다. 한쪽은 진보적, 비형식적, 아동 중심적 접근법으로, 다른 한쪽은 형식적, 전통적, 교사 주도적 접근법으로 알려져 있다. 다음의 〈표 1〉은 이 두 접근법의 주요 차이점을 정리한 것이다.

	진보적 교육	형식적 교육
다른 명칭	비형식적 교육 아동 중심 교육 (스스로 깨닫는) 발견 학습 열린 교육, 통합형 수업 새 교육 실천을 통한 학습	전통적 교육 교사 중심 교육 전달식 수업 '기본으로 돌아가기' 본질주의 '강의식 수업'
목표 달성 방법	문제 해결 활동 발견 놀이	지도 사실의 습득 기존 지식·규칙·전통의 습득 순응
목표	아이가 독립적이고 비판적으로 사고하도록 가르치는 것	아이에게 삶에 필요한 기술과 지식을 가르치는 것
아이에게 가장 필요한 것	(선택과 결정을 할 수 있는) 자유	(체계화된 지식의) 구조
교육과정	프로젝트나 주제 기반의 '교과 통합'	교과 기반의 '분과별 교육'

강조점	활동	가르침
	자유와 이해의 성장	지식과 기술의 수용 및 습득
	개성	기존 행위 양식과 탐구 원칙에 대한 순응
	아이의 본성	지식의 본질
동기 부여 방법	과제 자체의 몰입	교사의 요구에 따르려는 욕구
	다른 이들과 협력함으로써 얻는 만족감	더 나은 성과를 위한 경쟁
	다른 이들과 협력함으로써 얻는 만족감	보상과 처벌
좌우명	내부로부터의 성장	외부에서의 형성
학생과 교사의 관계 방식	개별 또는 소집단 활동	전체 학급 활동
	도제 관계	교수자와 피교육자
배울 내용	독립적 사고	기본적 기술
	비판적 사고	사실적 정보와 원리
	질문하는 태도	권위에 대한 존중

표 1. 진보적 교육 대 형식적 교육

듀이는 자신의 후기 저작인 『경험과 교육Experience and Education』[8]에서 진보적 교육과 형식적 교육 간의 격렬한 대립을 안타깝게 여겼다. 그는 "우리는 '진보주의'와 같은 교육의 '~주의~ism'가 아닌, 교육 그 자체에 주목해야 한다"고 말했다. 듀이는 특정 '주의'에 대한 맹목적 추종은 위험하다고 경고했다. 이는 부족 간의 갈등처럼 편협하고 배타적인 태도를 낳을 수 있으며, 그 결과, 교육의 실제 문제와 진정한 요구를 해결하려는 건설적인 노력 대신, 상대편 '주의'를 반대하는 데 시간을 낭비하게 된다는 것이다. 듀이는 '~주의'보다 아이들의 실제 경험에 초점을 맞춰야 한다고 강조했다. 그는 교육의 과제를 두 가지로 보았다. 첫째는 '인류의 사고 전통'을 전수하는 것이다. 이는 인류가 오랜 세월 동안 축적해 온 여러 분야의 사고방식과 원리를 전달하는 것을 의미한다. 둘째는 듀이의 관점에서 더욱 중요하게 여긴 것으로, 새로운 세대가 이러한 전통을 단순히 받아들이는 데 그치지 않고 비판적으로 바라볼 수 있도록 가르치는 것이다.

제 3 장

전통의 전개: 아이디어에서 실천으로

실제로 완전히 진보적이거나 전적으로 형식적인 교육을 실천하는 학교와 교사는 거의 없다. 현실에서는 두 입장 모두 어느 정도 타당성을 지니고 있으며, 각각의 이론적 배경도 인정받고 있다. 따라서 '어느 한쪽을 선택할 것인가'의 문제라기보다 '각각을 어느 정도로 적용할 것인가'가 문제이다.

다양한 학교들은 각 전통의 요소를 얼마나 받아들이느냐에 따라 하나의 연속선상에 위치하게 된다. 이 연속선의 한쪽 끝에는 극단적 진보주의가 있다. 단적인 예로 학생들이 자신들이 만든 규칙만을 따르는 서머힐Summerhill[9] 같은 학교를 들 수 있다. 반대편 끝에는 엄격한 형식주의 학교가 자리잡고 있다. 그 예시로, 오로지 경전 학습에만 초점을 맞추는 일부 이

슬람 마드라사Madrassa¹⁰를 들 수 있다. 그러나 대부분의 학교는 이 두 극단 사이 어딘가에 위치하며, 두 가지 교육 체계에서 각각의 요소를 선별적으로 채택하고 있다.

한편, 초등학교 교사들은 중등학교 교사들보다 진보적인 교육 방식을 더 많이 받아들이는 경향이 있다. 이는 교실 환경에서도 잘 드러난다. 초등학교 교실의 가구 배치는 중등학교에 비해 협력, 토론, 활동을 장려하는 방식으로 구성되어 있다. 영국의 교육학자 버크Burke와 그로스베너Grosvenor가 집필한 『내가 바라는 학교The School I'd Like』¹¹에서 13세 학생 조안나는 많은 중등학교에서 여전히 유지되는 전통적인 방식의 교실 배치에 대해 다음과 같이 비판하였다.

21세기가 되었는데도 학교는 여전히 빅토리아 시대처럼 학생들을 일렬로 앉히고 있다. 우리는 옆사람 외의 다른 친구들과는 대화할 수 없다. 선생님들이 우리를 이렇게 앉히는 이유도 바로 이것이 아닐까? 이런 자리 배치는 현대 사회에서 중요한 토론 활동을 가로막고 있다. 새로운 아이디어와 의견이 자유롭게 오가기 어려운 구조이다.

교실과 모둠 활동

하지만 어린아이들을 위한 교육 환경은 중등학교와는 다르다. 오늘날 서양의 거의 모든 공립 초등학교 교실에서 아이들은 모둠별로 앉아 있다. 이는 진보적 교육 사상가들의 견해를 반영한 결과다. 이러한 배치의 핵심 아이디어는 아이들이 모둠 활동을 통해 의사소통하고 협력하며, 아이디어를 공유하고 실험적 학습을 경험하도록 하는 데 있다. 진보적 교육자들은 이것이 바로 학습의 본질이라고 주장한다. 다시 말해, 인간은 타인과 더불어, 타인 속에서 상호작용할 때, 능동적이고 사회적으로 배운다는 것이다.

이러한 초등교육 접근법의 대표적 사례로 이탈리아 북부에 위치한 레지오 에밀리아Reggio Emilia 지역의 사례를 들 수 있다. 이 지역은 제2차세계대전으로 인한 파괴와 내부 갈등을 겪은 후, 새로운 교육 방식을 발전시켰다. 학부모, 교사, 지역사회가 함께 힘을 모아 공동체 정신과 연대를 바탕으로 한 교육 체계를 만들어낸 것이다. 레지오 에밀리아 교육 철학은 '인간의 본질과 문명의 계승에 대한 깊은 성찰'[12]에 기초하고 있으며, 이러한 철학적 성찰이 구체적으로 교육에 어떻게 반영될 수 있는지를 잘 보여주는 대표적인 사례이다.

레지오 에밀리아 교육 모델은 전 세계적으로 큰 주목을 받았다(그림 2 참조). 이는 영국과 미국에서 교육과정과 교수법의 변화가 일어나던 시기와 거의 동시에 등장했다. 특히 지역 공동체 내 모든 구성원의 헌신적인 참여와 이를 통해 이룬 교육적 혁신은 전 세계 교육자들의 상상력을 사로잡았다. 이 모델은 학습을 발견의 관점에서 보는 진보적 교육자들의 접근을 지역사회의 참여, 특히 학부모들의 적극적인 참여와 효과적으로 결합했다는 점이 특징이다. 또한 학교의 물리적 공간 구성을 매우 중요하게 여겼는데, 특히 공간은 아이들과 성인들 사이의 자연스러운 상호작용과 소통이 이루어지도록 세심하게 설계되었다.

2. 레지오 에밀리아의 교육은 진보적 교육과 프로젝트 기반 학습의 모범적인 사례로 평가받고 있다.

모둠 활동은 많은 초등교육 현장에서 기본적인 교육 방식으로 자리잡았다. 하지만 레지오 에밀리아 프로젝트의 성공이 보여주는 것과는 달리, 이를 실제 교실에 구현하기는 매우 어렵다. 많은 학교 현장에서 학생들이 모둠으로 앉아 실제로 무슨 활동을 하는지 살펴보면, 진정한 의미의 집단 활동이 이루어지지 않는 경우가 많다. 학생들은 대부분 교사의 수업이나 학습지를 바탕으로 개별적으로 시키는 공부를 하고 있을 뿐이며, 단지 모둠별로 앉아 있을 뿐이다.

이런 상황은 몇 가지 심각한 문제를 가져온다. 협력과 소통을 위한 모둠별 자리 배치가 개별학습에는 적합하지 않기 때문이다. 학생들은 맞은편 친구와 쉽게 눈을 마주치고, 옆자리 친구와 잡담을 하며 개별 작업에 집중력이 떨어지게 된다. 사실 학생들을 모둠으로 앉히는 본래 목적은 대화를 활성화하기 위해서지만, 이는 개별 학습에는 오히려 방해가 된다. 집중적인 개별 학습이 필요할 때는 주의를 분산시키는 요소가 최소화된 환경이 가장 효과적이기 때문이다.

아이들이 모둠 내에서 실제 어떤 종류의 개별 활동을 하는지에 대한 연구 결과가 나오자, 형식주의자들은 이를 비판적으로 해석했다. 그들은 이 결과를 초등학교 교사들이 진보적 교육 철학을 피상적으로 받아들이고 있는 증거라고 주장했다. 즉, 교사들은 교실 안의 여러 가지 제약과 급박한 사정 속에서 진보적 교육실천이 너무 어렵기 때문에 전통적인 '강의식 수업'을 하면서도 겉으로만 발견학습과 관련된 모둠 활동의 형태를 유지하고 있다는 것이다. 결국 이는 모둠 내에서 이루어지는 부실한 개별 학습으로 이어져, 모둠 활동과 개별 학습 모두의 장점을 살리지 못하는 최악의 교육적 결과를 가져온다는 것이었다(그림 3 참조).

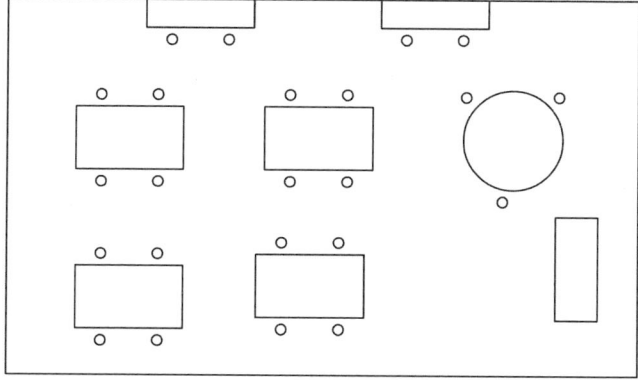

3. 모둠으로 배치된 전형적인 초등학교 교실. 그러나 아이들은 실제로 모둠 활동을 하고 있을까?

교육 현장에서 관찰되는 이러한 혼재된 양상은 교육 방식의 조정에 대한 지속적인 논의로 이어졌다. 교육을 얼마나 더 형식적으로 또는 진보적으로 할 것인가에 대한 논쟁이 그것이다. 교육 방식에 대한 선호도는 마치 진자운동처럼 시기에 따라 변화하는데, 이는 교사 개인의 차원뿐 아니라 국가적 차원에서도 나타난다. 이러한 논쟁 과정에서 주목할 점은 실증적 연구를 통해 이 문제를 합리적으로 해결하려는 시도가 종종 있었다는 것이다. 이는 실증적 연구가 어떤 교육적 접근이 더 효과적인지 밝혀줄 것이라는 기대에서 비롯되었다.

그러나 이는 결코 단순한 문제가 아니다. 교육 연구의 해석은 '결과'에 어떤 의미를 부여하느냐에 따라 크게 달라지기 때문이다. 예를 들어, 학생들을 능력, 성별, 장애, 인종 등으로 분리하여 교육하는 것이 학업 성취도를 높인다는 가상의 실증 연구 결과가 있다고 해보자. '결과'를 단순히 학업 성취도로 본다면, '분리 교육'이 더 나은 선택으로 보일 수 있다. 그렇다면 연구 결과에 따라 우리는 '통합 교육'을 포기하고 분리 교육을 고려해야 한다는 논의가 나올 수 있다. 반면, '결과'를 사회적 통합이나 공정성의 관점에서 본다면, 통합 교육이 더 바람직한 선택이 될 것이다. 따라서 분리 교육의 부정적 영향을 고려하여, 통합 교육 환경에서 더 효과적인 교수법을 모색해야 할 것이다.

또는 각 전통의 지지자들이 격렬히 논쟁해 온 '사고의 질'이라는 개념을 생각해 보자. 이는 우선순위나 가치의 문제가 아닌, '질quality'의 의미를 어떻게 이해할 것인가에 관한 문제이다. 그러나 '질'을 정의하는 데 합의를 이루기는 대단히 어렵다. '질'의 의미에는 끈기, 이해력, 상상력이 포함된다는 나의 생각은, 정확성, 속도, 기억력을 강조하는 다른 이들의 생각과 다를 수 있기 때문이다. 연구자들은 이와 같은 질문에서 서로 맞물려 있는 또다른 문제들에 직면하게 된다. 이러한 복잡한 질문들을 다룰 때, 그중 일부는 실증적 조사가 가능하더라도 사고의 질에 관한 어떤 결과도 논란의 여지가 있을 수밖에 없다. 이는 특정 접근 방식을 선택하는 것 자체가 이미 우리의 우선순위와 가치를 반영하고 있기 때문이다. 실증적 연구는 우리에게 사실을 이해하는 데 제한적인 도움을 줄 뿐이며, 실증적 연구만으로는 이러한 주제에서 '사실'을 밝히는 데 한계가 있다.

이처럼 실증적 연구로는 '사실'을 확인하기 어려울 뿐만 아니라, 그 해석에서도 큰 차이가 날 수 있다. 이를 더 분명히 이해하기 위해 앞서 제2장의 〈표 1〉에서 제시된 구분 중 하나인 '이해의 성장'과 '지식과 기술의 수용 및 습득'의 차이를 읽기 교육의 사례로 살펴보자.

읽기 교육에는 두 가지 주요 접근법이 있다. 하나는 단어를 구성 요소로 분해하여 가르치는 방식이고, 다른 하나는 읽기의 즐거움을 강조하고 읽기 자료의 흥미와 매력, 의미에 중점을 두는 방식이다. 단어 인식 능력을 기준으로 '성공'을 측정할 때는 첫번째 접근법이 초기에 더 나은 성과를 보일 수 있다. 하지만 두번째 접근법은 학습자가 읽기를 즐기고 이를 생산적으로 활용하도록 이끌어 장기적으로는 더 큰 효과를 낼 수 있다.

또한 〈표 1〉에서 제시된 '발견'과 '권위'라는 두 가지 교육 접근법을 비교해 보자. 이 둘 중 어느 것이 더 효과적인지 알아보려 할 때, 우리는 학습의 본질에 관한 근본적인 질문을 마주하게 된다. 예를 들어, 빛의 분리를 가르치는 두 가지 방법을 생각해 보자. 하나는 아이들이 직접 프리즘으로 실험하도록 하는 방법이고, 다른 하나는 교사가 권위 있게 설명하는 방법이다. 형식적 교육자들은 두번째 방법이 시험에서 더 나은 성과를 낼 수 있다고 볼 것이다. 반면 진보적 교육자들은 '아이들이 실제로 빛의 분리에 대해 무엇을 이해하고 있는가?'라고 물을 것이다. 그들은 첫번째 방법을 선호하며 다음과 같이 주장할 것이다.

아이들이 '빨강, 주황, 노랑, 초록, 파랑, 남색, 보라'와 같은 순서나 측정이 쉬운 다른 결과를 정확히 암기하지 못할 수는 있다. 하지만 직접 실험을 통해 빛이 어떻게 분리되는지 더 깊이 이해하게 될 것이다. 더욱이 이 과정에서 아이들은 지식을 더 탐구하고자 하는 의욕을 갖게 될 것이다.

이 두 가지 사례는 교육 평가와 측정 방식이 실제 교육에 미치는 영향에 대해 중요한 문제를 제기한다. 최근 전 세계적으로 정부가 교사들에게 더 많은 '책무성Accountability'[13]을 요구하는 것처럼, 측정하기 쉬운 지표에만 지나치게 집중한다면, 이는 교육의 형태와 방식에도 영향을 끼칠 것이다. 이러한 상황에서 교사들은 '시험을 위한 교육'을 할 수밖에 없다. 늘 그렇듯, 시험이 가장 측정하기 쉬운 결과들로 구성된다면, 교육의 과정도 자연스럽게 이런 측정 가능한 결과에만 초점을 두게 될 것이다.

형식적 교육과 진보적 교육의 효과를 비교한 대표적인 사례로 1967년 영국 랭커스터대학교 연구팀의 연구를 들 수 있다. 연구팀은 교사들을 형식적 교수법과 진보적 교수법의 채택 여부에 따라 분류한 후, 각 교사의 학급에서 아이들이 달성한 학습 결과를 조사했다. 연구 결과를 요약하면, 진보적 교수법이 주로 사용된 개방적이고 비형식적인 교실의 아이들이 형식적 교수법을 사용한 교실의 아이들보다 영어, 수학, 읽기에서 더 낮은 성취를 보였다. 이 연구는 네빌 베넷

Neville Bennett의 『교수 방식과 학생의 성취*Teaching Styles and Pupil Progress*』라는 제목으로 발표되었다. 베넷은 그 연구를 다음과 같이 결론지었다.

> 요약하자면, 형식적 교수법은 학생들의 사회적, 정서적 발달을 저해하지 않으면서도 학업 목표를 달성한다. 반면 비형식적 교수법은 사회적, 정서적 발달에서도 목표를 부분적으로만 달성할 뿐만 아니라, 학업 성취에서도 더 좋지 않은 결과를 보인다 (162쪽).

이 연구는 큰 반향을 일으키며 널리 알려졌고, 진보적 교육자들에게 심각한 타격을 주었다. 하지만 진보적 교육자들은 좌절하지 않고 베넷의 연구 방법을 면밀하게 검토했다. 그들은 각 집단 교사들의 교육 경력과 교과 전문성이 동등했는지, 형식적 교수법을 사용한 교사들이 더 많은 경험이나 높은 수준의 훈련을 받지는 않았는지 의문을 제기했다. 또한 두 집단의 사회적 계층 구성이 균형을 이루었는지, 형식적 교수법이 사회경제적으로 더 유리한 지역에서 시행되지는 않았는지 질문했다. 이러한 의문 제기로 데이터는 재검토되었다.

재분석 결과, 두 집단 간 차이는 훨씬 더 작은 것으로 밝혀졌다. 또한 모든 결과가 한 방향을 가리키지도 않았다. 영어에서는 형식적 교수법이 더 효과적인 것으로 나타났지만, 읽기에서는 오히려 비형식적 교수법을 사용한 교실이 더 나은 성과를 보였다. 수학에서는 두 교수법 간에 유의미한 차이가 없었다.

재분석 결과와 상관없이 우리가 주목할 것은, 교사들이 베넷의 연구 결과에 따라 자신들의 교수 방식을 변화시켰느냐이다. 형식적 교수법을 사용한 교실의 아이들이 기본적인 기술에서 더 나은 성과를 보였다는 것은 충분히 예상할 수 있는 결과였다. 형식주의를 지지하는 교사들은 기본적인 기술을 체계적으로 가르치고, 그러한 과제에 많은 시간과 주의를 기울이기 때문이다. 따라서 이들이 아이들의 이해력, 상상력, 창의력을 우선시하는 교사들보다 그러한 기술을 더 효과적으로 가르친다는 것은 당연한 결과일 수 있다. 만약 이해력과 창의성에 초점을 두고 '결과'를 평가했다면, 비형식적 교수법을 사용한 교실의 아이들이 더 나은 성과를 보였을 것이다.

베넷의 연구에서 제기된 다양한 질문들은, 교육 현장에서 교사들이 실제로 수행하는 일은 어떤 것인지, 그 성과는 무엇인지 이해하려는 더 정교한 연구로 이어졌다. 주된 문제 중 하나는 교사들을 단순히 형식주의자나 진보주의자로 구분하기 어렵다는 점이었다. 이에 연구자들은 교사들의 교수 방식을 더 세밀하게 이해하고자 했다. 그들은 형식적 교수법과 비형식적 교수법의 구분 기준이 무엇인지 탐구하기 시작했다.

이와 관련한 중요 연구로 '프로젝트 오라클Project ORACLE'[14]이 있다. 이 연구는 58개의 교실을 상세히 관찰한 대규모 조사였다. 연구진은 교사들이 주로 하나의 교수법을 기본으로 삼으면서도, 교실의 다양한 상황에 맞춰 유연하게 접근한다는 사실을 발견했다. 교사들은 학급의 분위기와 필요를 정확히 파악했고, 상황에 따라 때로는 엄격한 규율을 적용하고, 때로는 학생들이 자유롭게 소통하며 새로운 생각을 탐구할 수 있도록 했다.

그럼에도 교사들은 대체로 특정 교수법을 선호하고 그것을 주로 활용했다. 연구팀은 관찰 결과를 바탕으로 교사들을 네 가지 유형으로 나누었다. '집단 교수자group instructor', '개별 감독자individual monitor', '교실 탐구자class enquirer', '교수법 조정자style changer'가 그것이다. 학생들도 학습 방식에 따라 '관심 추구자attention seeker', '간헐적 학습자intermittent worker', '독립적 학습자solitary worker', '안이한 학습자easy riders'로 분류했다. 흥미로운 점은 이러한 학생 유형들이 모든 교사의 학급에서 발견되었지만, 각각의 학생 유형이 특정 유형의 교사 학급에서 더 많이 관찰되었다는 것이다.

형식적 교수법을 사용하는 교사와 비형식적 교수법을 사용하는 교사를 비교했을 때, 비형식적 교사들 사이에서 더 큰 차이가 드러났다. 연구진이 관찰한 가장 뛰어난 교사는 비형식적 교수법을 사용했는데, 이 교사는 풍부한 상상력으로 학생들에게 영감을 주면서도 수업을 체계적으로 구성해 매우 효과적으로 진행했다. 하지만 비형식적 교수법은 양날의 검과 같았다. 잘 적용되면 매우 효과적이었지만, 제대로 실행되지 않을 경우 형식적 교수법보다 더 심각한 문제를 야기했다.

교사는 생각하는 전문가이다.

교실 내의 현상을 조사·분석하는 '교실 연구classroom research'[15]가 발전하면서 새롭게 드러난 사실이 있다. 그것은 형식적 교수법과 진보적 교수법 중 어느 것이 더 뛰어난가라는 단순한 결론이 아니라, 훨씬 더 복잡하고 다면적인 교육 현장의 실제 모습이다. 이는 우리에게 교사가 단순히 지식을 전달하는 로봇이 아님을 다시 한번 일깨워주었다. 한 연구자의 유명한 표현처럼, 교사들은 깊이 있는 분석과 성찰을 통해 교실의 '생태학'[16]을 이해한다. 1970년대 미국의 교실 연구자 월터 도일Walter Doyle은 교사들의 특징을 흥미롭게 설명했다. 그에 따르면, 이들은 마치 뒤통수에도 눈이 달린 것처럼 교실 상황을 예리하게 파악하고, 상황에 맞춰 자신의 교수 방식을 유연하게 조절할 수 있다고 한다. 유능한 교사들은 여러 상황과 과제를 동시에 처리하는 통합적 대응력을 갖추고 있으며, 개별 학생을 세심하게 살피면서도 학급 전체를 효과적으로 관리할 수 있다. 또한 그들은 학급을 주도적으로 이끌면서도 학생들의 반응에 따라 적절히 대응할 줄 알며, 자신의 교수 활동의 성과를 지속적으로 성찰하고 개선해 나간다.

이처럼 교사의 교수활동이 단순한 지식 전달을 넘어서는 복합적이고 역동적인 과정이라는 점을 이해하면, 정부가 위에서 아래로 일방적으로 추진하는 학교 개혁이 왜 그토록 번번이 실패하는지에 대해 해결의 실마리를 찾을 수 있다. 그러한 하향식 개혁은 교사들이 오랜 경험을 통해 축적한 직관과 교육적 통찰을 발휘할 기회를 제한한다. 정부는 교사들에게 일방적으로 '이렇게 하라'고 지시하지만, 이는 결코 효과적인 방식이 아니다. 실제로 지난 30년간 세계 각국의 정부는 새로운 교수법과 시험 제도를 도입하고, 만병통치약인 양 새로운 교육과정을 제시하며, '효과적인 방법'이라고 이를 강요해 왔지만 의미 있는 성과를 거두지 못했다.

예를 들어, 2001년 미국 의회는 '아동 낙오 방지법NCLB'[17]을 통과시켜, 다양한 조치를 통해 학교의 책무성을 강화하고자 했다. 이 법의 핵심 조항 중 하나는 교사들에게 '과학적으로 입증된' 효율적인 방식으로 일을 하라고 요구한 것이다. 즉, '가장 효과적인' 교수법과 '과학적으로 입증된' 교육과정만을 사용하라는 지침이다. 여기서 말하는 '효과적인 방법'이란 교육 프로그램을 체계적으로 검증하여 어떤 것이 가장 효과적인지 찾아내라는 것이다. 이러한 접근은 언뜻 타당하게 들리지만, 실제로는 교사들 각자의 경험을 토대로 개발해 온 교수법 기술을 의도적으로 사장시키는 문제를 낳았다. 교사들은 자신과 학생들의 특성에 맞는 고유한 교수법을 개발하기 마련인데, 그들에게 낯설거나 학생들의 요구에 부합하지 않는 방식을 강요한다면 교사들의 교육적 전문성은 무력화될 수밖에 없기 때문이다.

이러한 정책의 실패는 구체적인 데이터로 입증되었다. '아동 낙오 방지법' 시행 이후 미국 학생들의 학업 성취도는 전혀 개선되지 않았다(〈표 2〉 참조). 경제협력개발기구OECD도 미국의 교육 성과를 분석하며 '미국의 평균적인 학업 성취도는 큰 변화 없이 정체된 상태를 보였다'고 평가했다. 결국 '과학적으로 입증된' 방법의 강제적인 적용은 어떤 실질적인 효과도 거두지 못한 것이다.

과목 \ 연도	2000	2009	2018
읽기	504	500	505
수학	493	487	478
과학	499	502	502

표 2. 아동낙오방지법 전후 미국 15세 학생들의 국제학업성취도평가(PISA) 점수

'아동 낙오 방지법'은 시행 이후 광범위한 비판에 직면했다. 특히 미국교육협회 회장은 이 법이 '시험하고, 비난하며, 처벌하는 획일적 모델'이라고 강력히 비난했으며, 교육계 전반에서 지나치게 지시적인 접근 방식이 문제점으로 지적되었다. 이 법은 2015년 정기적인 평가 지침을 완화한 '모든 학생 성공법ESSA'[18]으로 대체되었다.

'아동 낙오 방지법'의 기본 발상은 영국에서도 되풀이되었다. 20세기 말과 21세기 초 영국은 '국가 문해력 전략'과 같은 다양한 상부 주도형 교육 정책을 추진했다. 이러한 정책들은 처음에는 효과가 있어 보였으나, 이런 유형의 혁신이 흔히 그렇듯이 그 효과는 급격히 감소했고, 보다 장기적이고 심도 있는 평가에서는 이러한 정책 도입이 어떠한 실질적인 교육적 성과도 거두지 못한 것으로 나타났다.

이러한 실책의 전형적인 예시는 1970년대와 1980년대 미국에서 큰 기대를 받았던 직접교수법Direct Instruction[19]이라는 교수법의 도입에서 찾아볼 수 있다. 이 교수법은 1970~1980년대 미국에서 큰 기대를 모았던 교수법으로, 교수·학습의 기본 기술을 가르치는 데 있어 지나치게 합리적인 접근을 기반으로 하는 '교사 비의존적 교수법teacher-proof'[20]이었다. 이 교수법은 초창기 도입 당시 엄청난 기대를 모았다. 그러나 이후 '팔로우 스루Follow Through' 프로젝트 평가의 일환으로 진행된 후속 평가에서, 초기 기대 효과는 교수법 자체의 교육적 요소보다 오히려 해당 프로그램에 투입된 풍부한 자원 덕분이었음이 밝혀졌다.

더욱 우려스러운 점은 시간이 지나면서 직접 교수법이 제공했던 즉각적인 이점마저 결국 사라졌다는 것이다. 분석에 따르면, '전달식 수업' 중심의 교육과정을 받은 아이들은 학교를 떠난 후, 전통적인 유아 활동인 놀이 기반 학습이나 상호작용 중심의 활동에 참여했던 아이들보다 범죄에 연루될 가능성이 훨씬 높았고, 적응력도 떨어졌으며, 지역사회 활동 참여도 저조했다. 만약 교사들의 전문성과 경험을 더 신뢰했더라면, '전달식 수업'과 같은 단순한 해결책에 의존하지 않았을 것이다.

이러한 정책들의 실패는 놀라운 일이 아니다. 교사들을 무력화시키는 이 정책들은 필연적으로 실패할 수밖에 없다. 왜냐하면 이 정책들은 교사들이 자신의 판단에 따라 행동하고 반응하는 것을 방해하며, 교사들을 제약하고 그들의 전문적 경험과 지성을 무시한 채 일련의 정형화된 절차만을 강요하기 때문이다.

정책 입안자들은 핀란드의 사례에서 더 많은 교훈을 얻어야 한다. 핀란드는 학교에서 '교사 무력화' 접근 방식을 강요하지 않는다. 대신 교사의 지식, 기술, 전문성을 존중하는 방침을 유지한다. 핀란드에서 교직은 매우 인기 있는 직업이며, 교사들은 보편적으로 존경받고 좋은 처우를 받는다. 또한 모든 교사가 석사 학위 수준의 교육을 받는다. 핀란드에서는 교사들이 실제 훌륭한 성과를 낼 것이라고 신뢰하며, 이러한 신뢰는 결국 성과로 이어진다. 가장 공식적인 성공 지표인 국제학업성취도평가PISA 점수만 보더라도 핀란드의 교육 성과가 세계 최고 수준임을 알 수 있다.

제 4 장

20세기의
위대한 사상들

교육 — Education

20세기는 놀라운 변화의 시기였다. 정치적, 지적 지형이 급격히 변했고, 혁명과 전쟁, 불황과 호황이 교차했다. 20세기가 시작될 무렵, 과학은 매년 새로운 진실을 밝혀내며 교회의 권위는 빠르게 쇠퇴했다. 기존의 통념에 대한 도전이 환영받았고, 새로운 발견과 혁신에 대한 기대감이 가득한 지적 분위기가 형성되었다. 이러한 격변 속에서 기존 사상과 체제에 대한 비판이 일반화되었고, 교육 역시 예외가 아니었다. 사람들은 학교의 목적에 대해 더욱 근본적인 질문을 던지기 시작했다.

존 듀이와 동료들

이 시기, 교육 사상의 중심이 유럽에서 미국으로 이동하면서 교육계에도 큰 변화가 일어났다. 유럽 교육 사상의 선구자였던 로크, 루소, 프뢰벨이 기초를 다졌으나, 당시 형식주의라는 기존 교육 전통에 도전하는 일은 여전히 주변적인 활동에 불과했다. 그러나 20세기의 변화는 존 듀이가 기존 교육 방법에 본격적으로 도전할 수 있는 환경을 마련해주었다. 미시간대학교와 컬럼비아대학교에서 철학 교수로 재직했던 듀이는 교육과 민주주의의 관계를 논의하며, 이를 학교와 교실의 조직 방식과 연결해 설명했다.

4. 존 듀이는 교육을 젊은이들의 호기심을 키우는 과정으로 보았다.

듀이의 독창성 중 하나는 그가 매우 박식한 사상가였다는 점에 기인한다. 그는 특정 학문 분야에 얽매이지 않았으며, 학문적 경계를 자주 넘나들었다. 철학자이자 심리학자였고, 교육자이자 정치이론가로서, 각 분야의 중요한 사상들을 유기적으로 연결했다. 철학에서는 목적성과 유용성을 갖춘 실용주의적 전환을 강조했고, 심리학에서는 학습자의 사회적 환경을 고려해야 한다고 주장했다. 듀이는 교육에 대한 공헌으로 가장 잘 알려져 있지만, 그의 모든 활동의 중심에는 무엇보다 민주주의에 대한 헌신이 있었다. 그 헌신이 바로 그의 사상을 그보다 수백 년 전에 살았던 로크, 루소의 사상과 공명하게 만드는 지점이다.

듀이의 저작은 방대하지만 그 질적 수준은 일정하지 않다. 그의 글은 때로 장황하고 반복적이며, 유창성이 부족하거나 명료하지 않은 경우도 있다. 안타깝게도 이러한 글쓰기의 불명확함은 그의 말하기 화법에서도 드러났다. 1928년 듀이의 중국 방문에 대한 〈타임〉지 기사에서는 그의 발표를 '단조롭고, 머뭇거리며, 긴 침묵으로 가득하다'고 묘사했다.

하지만 이는 본질적인 문제가 아니다. 듀이의 글을 읽는 것은 충분히 그 노력을 들일 가치가 있다. 그의 산문이 때때로 어색하거나 작위적인 것처럼 보일지라도, 그 안에는 깊은 통찰이 담겨 있기 때문이다. 예를 들어, 듀이는 『경험과 교육』에서 이렇게 묻는다. "얼마나 많은 학생들이 자신들이 경험한 학습 방식 때문에 새로운 아이디어에 무감각해지고, 학습에 대한 동기를 잃었는가? … 얼마나 많은 학생들이 책을 읽는 것을 지루하고 고된 일로 여기게 되었는가?"(26~27쪽).

200년 전 존 로크처럼, 듀이는 아이를 타고난 과학자로 보았다. 그는 『우리는 어떻게 생각하는가 How We Think』의 서문에서 "열렬한 호기심, 풍부한 상상력, 실험적 탐구를 사랑하는 어린 시절의 순수한 태도는 과학적 사고방식과 매우 유사하다"고 말했다. 듀이는 과학적 문제 해결의 방식이 특별한 도구와 방법에 있는 것이 아니라, 시행착오를 통해 사고를 다듬는 과정에 있다고 주장했다. 사고하는 법을 배우는 것은 20세기 철학자 칼 포퍼 Karl Raimund Popper, 1902~1994가 이후 '추측과 논박'이라고 부른 것과 밀접하게 연결된다. 듀이와 포퍼는 일상적인 문제 해결이 마치 '코코넛 던지기 놀이'와 비슷하다고 제안한다. 이 놀이에서 나무 공을 던져 코코넛을 기둥에서 떨어뜨리듯, 아이디어를 제안한 뒤 다시 그것을 무너뜨리기 위해 최선을 다한다는 것이다. 처음 생각해낸 아이디어를 그대로 수용해서는 안 된다. 그것을 무너뜨리려고 시도해야 한다. 오직 지적 실험에서 살아남은 아이디어만이 잠정적으로 받아들일 가치가 있다.

이는 아이들에게 비판적 사고를 가르치는 것을 의미하며,

당연히 교사의 말을 무비판적으로 수용하도록 가르치는 것보다 훨씬 더 어렵다. 무비판적으로 받아들이도록 가르치는 것은 더 쉽지만, 교육의 본질을 훼손한다. 듀이는 "단순한 모방, 단계별 지시, 기계적인 반복 훈련은 가장 빠른 결과를 가져올 수 있지만, 동시에 반성적 사고력을 치명적으로 저해할 수 있는 특성을 강화한다"(51쪽)라고 말했다. 사실, 교육은 "호기심, 제안, 탐구와 검증의 습관을 발달시키는 일"에 관한 것이다(45~46쪽).

듀이는 『우리는 어떻게 생각하는가』에서 '신념'과 '반성적 사고'를 구분한다. 그는 "신념은 그것을 뒷받침하는 근거를 거의 또는 전혀 제시하고 않고 받아들여진다. 반면, 어떤 경우에는 신념의 근거를 의도적으로 탐구하고, 그 근거가 신념을 지지할 만큼 적절한지를 검토한다. 이러한 과정을 반성적 사고라고 하며, 이것만이 진정한 교육적 가치를 지닌다"(1쪽)라고 말했다. 듀이에게 반성적 사고는 교육의 핵심이다. 교육이란 단순히 사실을 배우는 것이 아니라, 회의적이고 비판적으로 사고하는 태도를 기르는 것이다.

이 비판적 사고에 대한 강조는 매우 중요하며, 바로 이것이 듀이 교육 철학의 핵심이다. 17세기의 존 로크처럼, 듀이는 공정하고 열린 마음을 가진 시민을 양성하기 위해 비판적 사고를 기르는 것이 필수적이라고 주장했다. 이는 잘못된 생각에 도전하고, 지도자들에게 의문을 제기할 수 있는 독립적인 사고 능력을 가진 시민을 양성하기 위한 것이었다. 이 비판적 사고에 대한 강조는 교육 담론에서 반복적으로 제기된다. 유명한 교육자 닐 포스트먼Neil Postman, 1931~2003과 찰스 바인가르트너Charles Weingartner, 1922~2007는 어니스트 헤밍웨이Ernest Miller Hemingway, 1899~1961의 '허튼소리 감지자'라는 개념을 차용하여 비판적 인식을 설명하면서 듀이의 전통을 이어간다. 그들은 비판적 인식이야말로 교육의 '전부'라고 주장하며, 다음과 같이 표현한다.

> 인류의 역사를 바라보는 한 가지 방법은, '허튼소리'에 대한 숭배에 맞선 끊임없는 투쟁의 과정으로 역사를 보는 것이다. 우리의 지성사는 동시대인들이 가장 소중히 여기는 신념 중 일부가 오해, 잘못된 가정, 미신, 심지어 터무니 없는 거짓말임을 드러내려 했던 이들의 고뇌와 고통의 연대기이다. 우리는 바로 그러한 사람들, '허튼소리 감지' 전문가를 양성하기 위한 새로운 교육을 구상하고 있다.

듀이의 주요 관심사 중 하나는 교육과 민주주의의 관계였다. 그는 민주주의를 단순히 정치 형태의 하나로 보지 않고, "사람들이 서로 연결되어 살아가는 방식, 사람들 간에 공유

되고 소통되는 경험"이라고 설명했다(1916: 101쪽). 듀이에게 좋은 사회란, 사람들이 평등한 조건에서 관계를 맺으며, 각자가 사회에 기여한 만큼 공정하게 혜택을 누리는 열린 사회였다. 학교는 이러한 좋은 사회를 촉진하고 구현하는 전형적인 공간이어야 한다. 사람들은 배경이나 능력에 관계없이 서로 교류할 수 있어야 하며, 이는 민주주의 사회에 필수적이다. 듀이의 이러한 사상은 1960년대와 1970년대 영국에서 선별적 학교 제도를 해체하고, 선별적 중등학교를 대신해 '종합학교comprehensive school'를 도입하는 데 중요한 기초를 제공했다.

미국의 위대한 교육자 로런스 크레민Lawrence Arthur Cremin, 1925~1990은 듀이가 재직한 컬럼비아대학교 사범대학이 "미국 교육계의 유능한 지도자들을 다수 배출했다"고 언급했다. 그는 1918년부터 1940년까지 이 대학의 교수들이 "교육 이론과 실천에 엄청난 영향을 미쳤다"(220쪽)고 평가했다. 듀이의 제자이자 후계자인 윌리엄 킬패트릭William Heard Kilpatrick, 1871~1965은 이 전통을 이어갔다. 킬패트릭은 학교가 "더 나은 시민, 즉 사회 문제에 대해 깨어 있고 관심을 가지며, 독립적으로 사고하고 행동하며, 정치인들의 공허한 약속이나 과장된 선전에 쉽게 현혹되지 않을 만큼 비판적 사고력과 지적 분별력을 지닌, 급변하는 사회 환경과 새로운 도전에 유연하게 대처하고 적응할 수 있는 시민"을 양성해야 한다고 강조했다(326~327쪽).

진보적 교육자, 플라우든

미국에서는 제1차세계대전과 제2차세계대전 사이에 새로운 세대의 교사들이 존 듀이의 사상에 따라 교육을 받고 있었다. 유럽에서도 유사한 운동이 일어나고 있었으며, 듀이의 영향뿐만 아니라 A. S. 닐Alexander Sutherland Neill, 1883~1973과 마리아 몬테소리Maria Tecla Artemisia Montessori, 1870~1952 같은 인물들이 실험학교를 통해 중요한 영향을 미쳤다. 이들 진보적 교육자들이 제기한 기존 교육에 대한 온갖 비판과 의문 속에서, 1920년대와 1930년대 정점에 이르러 영국에서는 윌리엄 해도우 경이 위원장을 맡아 다양한 교육 주제를 다룬 교육위원회 보고서들이 발간되었다. 이들「해도우 보고서」는 특히 아동중심교육의 필요성을 강조하며, 11세를 기준으로 초등학교와 중등학교를 구분하여 두 단계의 교육 체계를 공식화하는 등 교육 체제에 중요한 변화를 이끌어냈다.「해도우 보고서」가운데 가장 영향력이 큰 보고서는「초등학교에 관한 자문 위원회의 보고서」로, 여기에 담긴 의견은 당시로서는 놀랄 만큼 진보적이었다.

초등학교 교육과정은 인간적이고 현실적인가? 형식적 전통의 낡은 관행에서 벗어나 있는가? 탐구와 실험으로 활기를 띠고 있는가? 기존의 정설에 얽매이지 않고 아이들의 필요와 가능성에 대한 생생한 이해에서 영감을 얻고 있는가?

「해도우 보고서」xiii~xiv쪽

이어서 「해도우 보고서」는 교육과정이 "생동감 있고, 현실적이어야 하며, 고인 물이 아니라 흐르는 물과 같아야 한다"고 언급했다. 이 보고서는 그 내용뿐만 아니라, 매력적인 문체도 주목할 만하다. 오늘날 보고서나 문서에서 흔히 보이는 것처럼, 절차에 대한 숙고에 쓸데없이 많은 시간을 할애하지 않았으며, 지루한 관료적 문체가 아닌, 교육학적 성찰을 담아냈다. 특히 시적인 요소와 수사적 표현이 가득하여, 이는 마치 독자가 새로운 교육 방식의 이점을 기꺼이 받아들일 준비가 되어 있다는 듯한 분위기를 풍긴다.

그러나 해도우의 글에 나타난 수사적 표현과 낙관주의가 1930년대라는 시대적 상황을 가릴 수는 없었다. 이 시기는 매우 어려운 시기였다. 대공황으로 인해 사람들의 자신감이 무너졌으며, 대중과 정치인 모두 아이들의 상상력 계발이 노동 세계의 요구보다 더 중요하다는 내용을 담은 문서를 받아들일 준비가 되어 있지 않았다. 이 와중에 상상력이라니? 코

웃음이 나올 정도였다. 누가 상상력 따위를 필요로 한단 말인가? 이때는 히틀러가 막 권력을 잡고 있던 시기였다. 그럼에도 불구하고, 진보적 교육 사상을 실현하기 위한 기반은 이미 마련되어 있었다. 진보적 입장에 대한 회의론이 지속적으로 제기되었음에도 불구하고 (물론 회의론은 지금도 계속되고 있지만), 제2차세계대전이 끝날 무렵 새로운 세대의 교사들은 해도우 원칙을 구현한 새로운 교육 방식을 받아들일 준비가 되어 있었다. 영국에서는 1960년대 「플라우든 보고서」가 진보적 사상을 보다 체계적으로 도입한 공로를 인정받고 있다. (물론 관점에 따라 비판하는 사람들도 있다). 그러나 분명한 사실은, 「해도우 보고서」가 이미 그 기초 작업을 해놓았다는 점이다.

「플라우든 보고서」(플라우든 여사; Bridget Horatia Plowden, 1910~2000)는 매우 흥미로운 문서이다. 그 위원회의 구성원들만 보아도 1960년대의 독특한 면모가 드러난다. 심지어 초현실적이고 풍자적인 영국 코미디 프로그램 '몬티 파이선'을 떠올리게 하는 기묘하고 우스꽝스러운 분위기를 자아냈다. 위원회 구성원 명단을 보면, 첫번째로 세계적으로 유명한 논리실증주의 철학자 프레디 에이어Alfred Jules Ayer, 1910~1989 경이 있었다. 그는 옥스퍼드대학교에서 가장 권위 있는 철학 교수직 중 하나인 와이컴Wykeham 논리학 교수직을 맡고 있었다. 그의 철학적 재능은 의심할 여지가 없었지만, 국가의 유아 교육에 대해 자문할 자격까지 검증된 것은 아니었다. 그의 어머니는 프랑스의 유명 자동차 제조업체인 시트로엥의 상속녀였고, 아버지는 유럽에서 가장 영향력 있는 금융 가문 중 하나인 로스차일드 가문 출신이었다. 이런 배경을 고려할 때, 그는 분명히 부족함 없이 성장했을 것이다. 또한, 이튼 스쿨, 근위대, 그리고 옥스퍼드에서 교육을 받았기에, 평범한 대중과의 접촉에 특별히 큰 어려움을 겪지는 않았을 것이다. 물론 그는 이후에 인권 운동가로 활동하기도 했다. 위원회에는 그 외에도 '가정주부이자 학부모'로 소개된 배니스터 여사, 스웨이츠 준장, 그리고 플라우든 여사와 함께 18명의 다른 위원들이 포함되어 있었다.

이는 당시 공무원들이 만들어낸 독특한 조합이었다. 위원회의 구성은 영국 사회의 전통적 계급 구조에 대한 존중과 더불어 새로운 사회적 변화에 대한 인식을 동시에 반영하고 있다. 그러나 분명한 것은, 「플라우든 보고서」로 인해 도덕, 학습, 전반적인 삶의 질이 저하되었다고 비판했던 사람들의 상상과는 달리, 이 위원회의 구성원들은 결코 전투적 마르크스주의자들이 아니었다는 점이다. 결코 급진적이지 않고 대체로 보수적인 위원회 구성에도 불구하고, 「플라우든 보고서」가 20세기 전 세계 어느 곳에서도 찾아보기 어려울 만큼, 진보적인 교육 개혁을 위한 유일하고도 가장 강력한 정책적 기반으로 작용했다는 사실은 더욱 놀라운 일이다.

「플라우든 보고서」는 1900년부터 1960년대 사이에 학교에서 일어난 모든 변화가 결코 계획되거나 조정된 것이 아니라고 지적했다. 이는 두 차례의 참혹한 세계대전과 그사이에 발생한 치명적인 세계 대공황을 고려하면 충분히 이해할 만한 일이었다. 당시 사람들은 장 자크 루소의 사상보다는 훨씬 더 긴급한 문제들에 집중할 수밖에 없었다. 그러나 "이제 변화의 시기"라고 플라우든은 선언했다. 위원회는 다음과 같은 의미있는 질문을 던졌다: "발견하는 것이 설명을 듣는 것보다 더 나은 것으로 증명되었는가? 아이들의 발견을 자극하고 안내하며, 이를 통해 그들이 일관된 지식 체계를 발전시킬 수 있는 방법들이 개발되었는가?"(2쪽).

이 위원회는 이러한 질문들에 대한 답을 찾고자 여러 나라의 초등학교를 방문하였다. 덴마크, 프랑스, 스웨덴, 폴란드, 미국, 소련 등 다양한 국가를 탐방한 결과, 모든 곳에서 동일한 관심사가 존재한다는 점을 발견했다. 그 공통의 관심사는 바로 교육과정, 교수법, 서로 다른 능력을 지닌 아이들에 대한 지원 방안, 그리고 '열악한 환경'에 처한 아이들을 가장 효과적으로 돕는 방법 등이었다.

「해도우 보고서」를 읽고 난 후「플라우든 보고서」를 읽으면, 「플라우든 보고서」에는「해도우 보고서」의 상식적이고 명료한 철학 위에 흥미로운 요소들이 추가되었음을 알 수 있다. 「해도우 보고서」의 철학은 아이들이 스스로 발견하게 하고, 그 발견의 과정에서 성장과 학습이 촉진된다는 입장이다. 이를 바탕으로 1967년의 「플라우든 보고서」에서는 아이들의 지적 성장, 학습, 그리고 사회적 역할에 대한 심리학, 사회학 같은 학문적 관점을 도입한 새로운 유형의 전문적 지식이 등장하고 있었다. 또한, '기술'과 '발달'이라는 논의가 포함되었는데, 이는 당시 교육 분야에 처음 등장한 용어들이었다. 이러한 배경에서 특히 심리학이 더 강력한 영향력을 발휘하기 시작했다.

위원회는 이러한 점을 인식하고, 교육에 관한 논의에 기여할 수 있는 두 부류의 주요 심리학자 집단을 명시적으로 대조했다. 첫번째 집단은 스키너Burrhus Frederic Skinner, 1904~1990와 파블로프Ivan Petrovich Pavlov, 1849~1936 같은 인물들로 대표되는 행동주의 심리학자들이었다. 두번째 집단은 오늘날 '구성주의', '인지주의', 또는 '사회문화' 심리학자들로 불리는 이들이었다. 물론 당시 위원회는 그들을 그렇게 명명하지는 않았다. 후자의 집단에는 영국의 아이작스Susan Sutherland Isaacs, 1885~1948, 러시아의 루리아Alexander Romanovich Luria, 1902~1977, 미국의 브루너Jerome Seymour Bruner, 1915~2016, 그리고 스위스의 피아제Jean Piaget, 1896~1980와 같은 심리학자들이 포함되었다.

플라우든 위원회는 교육에 대한 사고의 틀을 제공하는 데 있어 행동주의자들보다 구성주의자들을 선호했다. 위원회는 행동주의자들의 학습에 대한 견해가 지나치게 협소하며, 이를 적용할 경우 아이들의 인지적 성장을 제한할 수 있다고 결론지었다. 반면, 구성주의자들의 학습과 발달에 대한 견해는 훨씬 더 다양하고 서로 조금씩 달랐지만, 그들의 사상은 대체로 진보주의 선구자들의 관점과 일치했다. 특히 수잔 아이작스는 아이들의 학습 능력 발달에서 놀이의 중요성을 강조했는데, 이는 로크나 루소의 사상과 유사하다. 그녀는 놀이를 아이의 끊임없는 실험으로 해석하는 독창적인 견해를 가지고 있었으며, 이러한 점에서 그녀는 마치 로크와 루소의 사상을 결합시킨 인물처럼 보인다.

루리아와 비고츠키Lev Semenovich Vygotsky, 1896~1934 같은 여러 러시아 심리학자들은(비고츠키가 플라우드 보고서에 언급되지 않은 점은 의아하다) 역시 학습에서 놀이의 중요성을 강조하였다. 나아가 그들은 이를 언어와 사회적 연결의 맥락에서 바라보았다. 즉, 언어는 사고의 도구이며, 사회적 교류는 사고를 발달시키는 수단이라는 것이다. 이는 물론 새로운 개념은 아니지만, 이제 새로운 '사회과학'의 하나인 심리학에 의해 공식적인 지지를 받게 되었다. 다시 말해, 이제 과학에 의해 공식적으로 승인된 셈이다. 한편, 브루너와 피아제는 아이들이 실제로 어떻게 사고하며 그 사고가 어떻게 발달하는지에 더 집중했다(그림 5 참조). 이들에 대해서는 제5장에서 더 자세히 논의할 것이다.

'190을 2로 나누면 …'

5. 바안 시르바니안의 만화. 피아제와 브루너 같은 심리학자들은 아이들을 가르치기 위해서는 그들이 사고하는 방식을 이해해야 한다고 주장하였다.

이 심리학자들은 20세기 중반 유럽 교육에 커다란 영향을 미쳤다. 미국에서도 분위기가 변화하고 있었지만, 그 원인은 다소 달랐다. 2차세계대전 이후 시기와 1960년대는 유럽과 마찬가지로 미국에서도 더 큰 자유와 자기 표현에 대한 열망이 확산되었다. 그러나 미국에서는 유럽보다 개인의 권리와 기회의 평등에 대한 요구가 더 중심적인 위치를 차지하였다. 이러한 열망은 특히 인종, 성별, 그리고 상대적으로 덜 강조되긴 했지만 장애를 중심으로 한 평등 요구로 구체화되었다. 이 과정에서 권위와 그 권위에 기반을 둔 제도들에 대한 의문이 제기되었으며, 학교도 하나의 제도로서 면밀한 검토의 대상이 되었다.

존 홀트: 교실의 보석들

미국에서 막대한 영향력을 발휘했을 뿐만 아니라, 이후 유럽에까지 그 영향력을 확장한 인물이 있었다. 그는 교육학자도 발달심리학자도 아니었다. 보스턴의 교사, 존 홀트John Caldwell Holt, 1923~1985였다. 그는 1964년 자신의 베스트셀러 『아이들은 어떻게 실패하는가*How Children Fail*』에서 심리학자 윌리엄 헐William Hull의 "만약 우리가 아이들에게 말하는 법을 가르친다면, 그들은 결코 배우지 못할 것이다"라는 말을 인용하며 시작했다. 홀트는 헐의 이 말이 무엇을 의미하는지 설명했다. 즉, 교육이 아이들에게 지루함이나 불안감을 일으 키다면 그들의 자연스러운 학습 능력을 방해할 수 있으며, 만약 읽기를 가르치듯 말하기를 가르친다면 아이들은 결코 배우지 못한다는 것이다. 홀트는 또한 그러한 교육이 아이들을 낙담시키고, 수치심을 느끼게 하며, 혼란을 초래해 결국 분노를 불러일으킬 것이라고 경고했다. 그리하여 아이들이 아예 말을 하지 않게 될 것이라고 덧붙였다.

홀트는 뛰어난 통찰력을 바탕으로, 많은 사람들이 학교를 겪으면서 이미 본능적으로 느끼고 있던 사실을 이야기했다. 그 방법은 보스턴 교실에서 가르쳤던 자신의 경험을 성찰하는 것이었으며, 이는 아이들과의 작업을 기록한 일기 형식의 일화들을 통해 제시되었다. 홀트는 자신의 질문에 대한 아이들의 반응을 곰곰이 되짚어 보았고, 그 결과 아이들이 교실에 있을 때 마치 다른 세계에 들어간 듯한 모습을 발견했다. 수업 중에 아이들의 뇌의 10분의 9가 수업 내용과는 전혀 상관없는 과정, 즉 오로지 교사를 기쁘게 하거나 바보처럼 보이지 않으려는 것에 지배되고 있었다. 1960년 4월 22일에 작성된 홀트의 일기는, 한 소녀가 구구단의 7단과 씨름하는 모습을 묘사하였다. 이 소녀는 과제에 전혀 집중하지 않았고, 그 결과 몇 가지 명백한 실수를 저질렀다.

나는 그녀가 자신이 쓴 답변을 스스로 검토하도록 유도하면, 일부 답변이 다른 답변보다 더 타당하다는 것을 인식하고, 그 과정을 통해 자신의 오류를 파악하며 잘못된 답변을 스스로 걸러낼 수 있는 능력이 아이의 마음 속에 뿌리 내릴 것이라고 생각했다. 그래서 나는 그녀에게 세 장의 답안지를 모두 주고, 각각의 답이 서로 일치하지 않으니 비교해보라고 했다. 그리고 맞다고 확신하는 답변에는 '✓' 표시를, 틀렸다고 확신하는 답변에는 'X' 표시를, 확신할 수 없는 답변에는 '?' 표시를 하라고 지시했다. 잠시 후, 나는 교직 생활에서 가장 충격적인 순간을 맞이하게 되었다. 그녀가 수정한 답안지를 내게 건넸는데, 오직 7 곱하기 1만 맞는 것으로 표시하고 나머지는 모두 오답으로 표시한 것이다. 이 불쌍한 아이는 학교 교육에 의해 좌절하고 무너진 상태였다. 수년간의 반복 학습, 연습, 설명, 그리고 시험, 우리가 교육이라고 부르는 이 모든 과정은 그녀에게 아무런 도움이 되지 않았을 뿐 아니라, 그녀가 원래 가지고 있었을지도 모를 기본적인 상식마저 잃게 만들었다.(251쪽)

모든 교사들은 이와 같은 소녀를 한 번쯤 만나본 적이 있을 것이다. 아니, 사실 문제를 너무 가볍게 본 것일지도 모른다. 교사들은 그녀와 비슷한 아이들을 매일 직장에서 마주하고 있다. 그 소녀의 태도는 극단적일 수 있지만, 이는 어디에서나 흔히 볼 수 있는 현상이다. 홀트는 아이들이 학교 교육을 통해 본래 가지고 있던 뛰어난 학습 능력을 잃게 된다고 주장했다. 그는 "우리는 아이들이 도전하는 것을 두려워하게 만들고, 실험하는 것을 두려워하게 만들며, 어렵고 낯선 것에 도전하는 것을 두려워하게 만든다"고 지적했다. 흥미로운 점은, 오늘날의 교육 평론가들도 학교 교육에 대해 비슷한 문제를 제기하고 있다는 것이다. 가이 클랙스턴Guy Claxton은 『학교의 의미는 무엇인가?What's the Point of School』에서, 학교 교육으로 인해 아이들이 어려운 상황에 직면했을 때 더 용감하고 대담해지는 것이 아니라, 오히려 더 순종적이고 연약해진다고 말한다. 그는 "아이들은 넓은 사고를 배우기보다는 좁은 사고에 갇히게 되고, 불확실성과 그에 따른 실수의 위험을 두려워하게 된다"고 지적한다.

홀트의 책은 오늘날 널리 읽히지 않지만, 출간 당시에는 100만 부 이상이 팔렸다. 대체로 교사들은 이 책이 그들의 업무를 비판하는 내용임에도 불구하고 열렬히 환호했다. 그들이 이 책을 읽고 "맞아!"라고 외쳤던 이유는 아이들의 학습과 학교에서의 행동에 대한 놀라운 통찰 때문만이 아니라, 교사들이 직면한 과업의 막중함을 정확히 짚어냈기 때문이다. 교사들은 구식 도구로 일하면서 그 장비로 '더 나은 성과'를 내라고 끊임없이 요구받고 있었다. 홀트는 심리학적 전문 용어나 감상적인 표현 없이도 이 문제의 본질을 정확히 짚어냈다. 나는 그의 책이 20세기 교육에 관한 가장 중요한 저작 중 하나라고 생각한다(그림 6 참조).

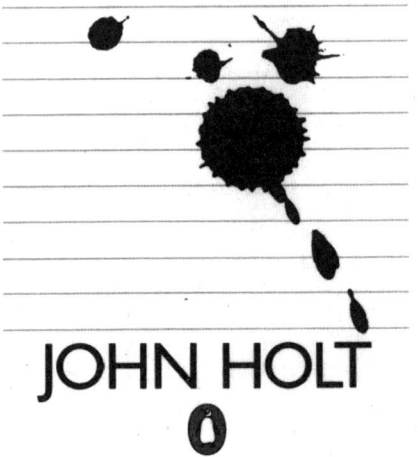

6. 존 홀트의 획기적인 저서, 『아이들은 어떻게 실패하는가』의 표지

제2차세계대전 이후, 전쟁에서의 승리로 자신감을 얻은 미국인들은 기존 권위와 명령에 대해 더 적극적으로 의문을 제기하기 시작했고, 냉전 시대에 세계를 주도하는 역할도 맡게 되었다. 하지만 동시에, 많은 미국인들은 공산주의의 위협에 대한 과도한 두려움과 소련과의 기술 경쟁에서 뒤처질 것에 대한 공포에 휩싸여 있었다. 이러한 불안한 분위기 속에서, 가장 상징적인 사건이 일어났다. 1957년 소련이 인류 최초의 인공위성 스푸트니크Sputnik를 성공적으로 발사한 것이다. 이 사건은 전 세계적으로 경이로움을 자아냈지만, 미국인들에게는 깊은 수치심을 남겼다. 그 결과 미국은 자국의 교육 시스템, 특히 과학과 기술 분야에 대한 투자에 대해 재평가하게 되었다. 스푸트니크 발사는 미국 내에서 과학 교육뿐만 아니라 학교가 젊은이들에게 얼마나 상상력과 창의성을 길러주고 있는가에 대한 논의를 촉발시켰다. 학교가 오히려 상상력, 독창성, 창의력을 억누르고 있는 것은 아닐까? 그것이 바로 공산주의자들과의 과학기술 경쟁에서 패배한 이유가 아닐까?

이 질문들은 홀트가 제기했던 창의성과 독창성에 관한 문제와 연결된다. 학교에 대한 비판, 즉 교육에 대한 요구는 언제나 양면성을 지닌다. 첫째, 더 많은 지식을 가르쳐 더 나은 성과를 내라는 요구이다. 둘째, 아이들이 상상력과 창의성을 발휘하도록 하라는 요구이다. 아이들은 과학적 사실을 배워야 하지만, 그 과정에서 독창적 사고가 억압되어서는 안 된다. 이는 형식주의와 진보주의 간의 오랜 논쟁을 간명하게 보여준다.

신자유주의로의 전환

20세기 대부분 동안 진보적 사고는 심리학의 아이디어에 스며들어 교육의 방향과 형태를 이끌었다. 그러나 20세기 말에는 전혀 다른 영역에서 새로운 영향력이 부상했다. 그 영향력은 교육이 아니라 정치와 경제에서 비롯된 것이었다. 1970년대 중반 이전까지는 정치와 교육이 크게 연결되지 않았다. 단, 예외적으로 영국의 경우, 정치인들과 정책 입안자들은 여러 위원회를 통해 교육에 대한 정보를 수집하고, 의견을 경청하며 정부에 자문하는 등 적극적으로 대응하기 위해 노력했다. 교육사회학자 스티븐 볼에 따르면, 이는 교육 정책에 대한 일종의 '타협'이었다. 정치인들과 교육자들은 서로 조화롭게 공존하고 있었다.

그러나 20세기 말에 이르러 정부는 교육의 조직 방식에 대해 강력한 견해를 적극적으로 제시하기 시작했다. 미국과 유럽에서 새로운 정치적 각성이 일어나면서, 그에 따른 정치적 변화가 교육의 발전에 영향을 미쳤고, 이후 30년간, 그리고 사실상 오늘날까지 그 방향을 좌우하고 있다.

이러한 새로운 의제 설정 욕구는 어디에서 비롯된 것일까? 아이러니하게도, 영국에서는 이러한 교육의 발전이 정치적 각성이나 변화에서 비롯된 것이 아니라, 일정 부분 정부와 교육자들 간의 '타협'에서 시작되었다. 정부는 보고서를 통해 받은 조언을 '경청'했지만, 실제로 그 조언을 효과적으로 실행하지 못했다. 무엇이 '잘못'되고 있는지 분석하는 방법은 알고 있었지만, 이를 '제대로 해결'하는 데 필요한 실질적인 고민이나 활동, 자금 투자에는 거의 신경을 쓰지 않았다. 스티븐 볼의 말처럼, 선별적 학교제도의 해체와 종합학교 도입은 "단편적이고 일관성이 없었다"(71쪽). 또한 "교육제도를 철저히 변화시키겠다는 정치적 의지가 거의 없었다"는 그의 지적도 일리가 있다.

그 결과, 충분한 사전 검토 없이 도입된 종합학교에 대한 반발이 일어났다. 정치인들 사이에서 정부와 교육자들 간의 타협에 반대하는 새로운 형태의 반反-문화가 등장하면서, 결국 타협은 무산되었다. 영국 교육 정책에 대한 보수적인 목소리를 대변하는 〈블랙 페이퍼스〉와 같은 팸플릿들은 선별적 학교제도로의 회귀를 주장했으며, 실패한 학교들의 이야기가 언론의 헤드라인을 장식했다. 정치적 스펙트럼의 좌우를 막론하고, 학교 문제의 원인으로 1977년 영국 노동당 정부의 교육부 장관 셜리 윌리엄스가 언급한 "무능한 교사, 힘없는 교장 … 그리고 현대 교수법"이 지목되었다. 이러한 논평은 미국 레이건 행정부의 학교 문제 분석 보고서인 「위기에 처한 국가A Nation at Risk」의 입장과도 일치했다. 이 보고서는 공교육의 질 저하와 학생들의 성취도가 하향 평준화되고 있음을 '밀물처럼 밀려드는 평범함의 급증'이라 표현하며 한탄했다.

이 모든 것은 1920년대와 1930년대 시카고 경제학파에서 시작된 새로운 경제 모델과 일치했다. 이 모델은 시장과 개인의 선택을 경제적 성공의 핵심으로 보는 '신자유주의'였다. 신자유주의는 한동안 잊혀졌다가, 2차 대전 이후 소비주의가 강화되면서 다시 주목받기 시작했다. 이 이념은 소비자를 경제 변화를 이끄는 영웅이자 원동력으로 부각시켰다. 신자유주의로의 전환은 1980년대 초반에 가속화되었으며, 당시 마거릿 대처 영국 총리와 로널드 레이건 미국 대통령의 정치적 동맹 강화와 냉전에 대한 강경한 대응이 이를 뒷받침했다. 이 시기에는 국가 운영 시스템의 실패에 대한 논의가 활발해졌으며, 철의 장막 양쪽에서 사용되는 자본주의와 공산주의라는 양극화된 경제 모델에 대한 논의가 더욱 심화되었다.

이러한 흐름 속에서 여러 대륙의 교육 시스템에서 이해관계자들이 조율해낸 교육적 타협이 도전에 직면하기 시작했다. 그 결과, 사람들은 신자유주의의 설계자 중 한 명인 경제

학자 밀턴 프리드먼Milton Friedman, 1912~2006의 교육에 대한 아이디어에 주목하게 되었다. 1955년, 프리드먼은 『교육에서의 정부의 역할The Role of Government in Education』을 저술하며 교육 문제를 다루었다. 그가 교육에 흥미를 갖게 된 이유는, 시장 모델에서 교육이 차지하는 특이하고 다소 불편한 위치 때문이었다. 즉, 교육은 선택을 중심으로 한 깔끔한 수요-공급의 틀에 잘 들어맞지 않았기 때문이다.

프리드먼은 소비자의 선택권에 최우선 순위를 부여하는 새로운 경제 모델 속에서도 학교에는 이례적으로 국가의 자금 지원이 필요하다는 점을 깨달았다. 이는 개인의 교육이 사회 전체에 혜택을 주기 때문이었다. 예를 들어, 조라는 여성이 자신의 교육비를 지불하고 교육을 받는다면, 나는 그녀의 향상된 시민 의식과 생산성 등 여러 면에서 혜택을 받게 된다. 비록 내가 조의 교육비를 지불하지 않았더라도 말이다. 이는 조가 단순히 진공청소기를 구매했을 때와는 다른 종류의 혜택이다. 프리드먼은 이러한 혜택을 '근린 효과neighbourhood effects'라고 불렀다. 이는 비용을 지불하지 않은 서비스로부터 얻는 혜택을 의미한다. 그는 이러한 근린 효과 때문에 정부가 세금을 부과하여 모든 사람에게 유익한 서비스를 제공하는 것이 정당화된다고 주장했으며, 특히 교육이 그러한 서비스에 해당한다고 보았다.

그러나 정부가 세금을 통해 학교교육을 제공해야 한다면, 시장의 지혜는 어디로 사라지는가? 부모들은 자녀에게 무엇이 필요한지 알고 있다. 무엇이 최선인지 가장 잘 아는 건 정부가 아니라 부모다. 그러나 정부가 그들의 선택을 대신하고 있었다.

프리드먼은 국가가 자금을 지원하는 시스템 내에도 시장의 원칙을 도입하여 근린 효과의 난제를 해결할 수 있다고 보았다. 그는 이러한 시장 조건이 마련되면, 국가의 자금 지원과 부모의 선택권이라는 두 마리 토끼를 동시에 잡을 수 있다고 주장했다. 이에 따라 그는 정부가 부모들에게 바우처를 발급해, 부모들이 원하는 학교—국립, 사립, 종교 학교 등—에서 자녀의 학습 자리를 '구매'할 수 있도록 해야 한다고 제안했다. 또한, 사립학교에서 바우처를 사용할 경우, 부모의 추가 지불로 해당 학교의 수업료까지 충당할 수 있다고 덧붙였다.

바우처 제도는 미국과 스웨덴 등 일부 국가에서 시도되었으나, 대부분의 국가에서 열렬한 지지를 얻지는 못했다. 그 이유는 이 제도가 여러 형태의 바람직하지 않은 분리를 은밀히 촉진하는 수단으로 인식되었기 때문이다. 특히 중요한 점은, 미국에서의 분리가 단순히 능력에 따른 분리 이상을 의미한다는 것이었다. 이는 우리가 지금까지 논의해 온 분리와 차별의 문제를 넘어선다. 신자유주의적 전환에 대한 논의를 이어가기 전에, 이 문제를 좀더 명확히 설명하기 위해 잠시 논의를 되짚어보자.

분리 교육

1950년대와 1960년대까지 미국의 일부 주에서는 인종에 따라 학교를 분리했다. 이러한 제도는 적어도 이론상으로는, 1954년 미국 연방대법원이 '브라운 대 토피카시 교육위원회 사건Brown et al. v. Board of Education of Topeka et al.'을 위헌으로 판결하면서 철폐되기 시작했다. 이 사건은 캔자스주 토피카시의 흑인 학생 린다 브라운과 그 가족이 흑인과 백인을 분리하는 학교 정책에 대해 제기한 소송이었다. 워렌 대법원장은 연방대법원을 대표해 일부 주에서 행해지는 분리정책에 반대하며 판결문에서 이렇게 선언했다. "공교육 분야에서 '분리하되 평등하다'는 원칙은 적용될 수 없다. 분리된 교육 시설은 본질적으로 평등하지 않다."

불과 몇십 년 전만 해도 미국에서 이러한 사실을 법원이 주장해야 했다는 것이 믿기지 않지만, 워렌 대법원장의 발언조차 이 문제를 완전히 해결하지 못했다는 점은 당시 시대적 분위기가 얼마나 복잡했는지를 보여준다. 주 의회들은 계속해서 인종 통합에 반대하는 법안을 시도했고, 1962년 미시시피

대학교가 아프리카계 미국인 제임스 메러디스의 입학을 거부하면서 사태는 절정에 이르렀다. 당시 미시시피 주지사 로스 바넷은 "내가 주지사로 있는 한, 미시시피의 어떤 학교도 통합되지 않을 것"이라고 선언했다. 이에 따라 당시 법무장관이었던 로버트 케네디는 메러디스가 캠퍼스에 들어갈 수 있도록 연방보안관을 동원해 호위해야 했다. 그 결과 백인 학생들과 다른 이들이 연방보안관들에게 돌을 던지며 폭동을 일으켰고, 대통령의 명령으로 군대가 파견되어 폭동을 진압하고 메러디스의 학교 출석을 강제하는 일이 벌어졌다.

지금은 사라졌지만, 인종에 따라 학생들을 분리하는 정책은 가장 극단적이고 모욕적인 형태의 차별이었다. 그러나 집단을 분리하려는 충동은 여전히 학교와 교육 시스템에서 다양한 형태로 지속되고 있다. 이는 두 가지 방식으로 나타난다. 먼저, 강하고 노골적인 형태는 특수교육에서 여전히 볼 수 있다. 일반 학교의 기준에 맞지 않거나 적응하지 못하는 학생들은 특수학교로 보내져, 축소된 교육과정과 제한된 사회적 경험을 제공받는다. 다음으로, 약하고 은밀한 형태는 학생들의 성취도에 따라 이루어지는 세밀한 차별화로, '능력별 학급 편성', '수준별 분반', '능력별 분류' 등 다양한 방식으로 불린다.

인종 간 분리는 여전히 눈에 띄게 존재한다. 하버드대학교 연구자 마사 미노우가 여러 연구를 종합해 중요한 결론을 내렸다. '수준별 이동수업'이나 '성취도별 교육과정' 등 다양한 방식을 통한 인종 분리가, 브라운 판결 이후 50년이 넘는 시간이 지났음에도 여전히 일반적이라는 것이다. 그녀의 연구는 학교가 일부 소수 민족 출신 아이들에게 본질적으로 배타적이고 심지어 적대적인 특성을 드러내고 있음을 우리에게 직시하게 한다. 학교의 일상적 관습과 문화, 언어, 심지어 유럽 중심적 교육과정 등은 많은 아이들과 청소년들이 학교에서 소외감을 느끼게 한다. 이를 최소화하려는 교사들과 학교의 노력에도 불구하고, 소외감이 여전히 지속되고 있음은 의심의 여지가 없다. 예를 들어, 2019년 영국에서는 카리브해 출신 흑인 아이들이 백인 학생들보다 거의 3배 높은 비율로 영구 제적을 당했다. 이와 관련하여, 제6장에서는 교육과정이 어떻게 일부 학생들에게 불리하게 작용하는지 더 자세히 다룰 예정이다. 이를 통해 분리 교육의 문제를 더 깊이 이해할 수 있을 것이다.

유사 시장, 경쟁, 시험

분리 문제는 학교 선택에 대한 욕구와 그로 인한 부작용에 대한 불안과 깊이 연관되어 있다. 이는 언뜻 모순적으로 보일 수 있다. 1962년 대통령의 개입으로 '인종'에 따른 공식적인 분리 시도는 끝났다. 하지만 그 유산은 비공식적인 선택과 분리 시도로 이어지고 있다. 밀턴 프리드먼의 바우처 제도를 다시 살펴보면, 이 제도가 비공식적으로 인종 분리를 부추길 수 있다는 우려 때문에 대부분의 지역에서 매우 조심스럽게 다뤄졌다. 예상대로, 선택에 대해서는 양가적인 태도가 있었다. 많은 정치인들이 선택의 기회를 주고 싶어했지만, 그 선택이 무분별하게 퍼지는 것은 원하지 않았다.

프리드먼은 현실성이 떨어지는 바우처 제도를 통해 교육의 시장화를 시도했다. 하지만 20세기 말에 이르러, 바우처가 제기했던 분리 문제를 피하면서도 교육에 시장 원리를 도입할 수 있는 새로운 해결책이 등장했다. 정책 입안자들이 제안한 이 해결책은 교육 시스템을 다양한 방식으로 재편하는 것이었다. 그중 가장 눈에 띄는 것은 국가가 운영하는 시스템 내에 '유사 시장quasi-market'이라는 새로운 형태의 인위적 시장을 만드는 것이었다. 이 유사 시장에서는 자녀를 둔 학부모가 '구매자'로서 고객 역할을 하며, 학교가 '공급자' 역할을 한다. 그리고 학부모가 자녀의 학교를 선택하면, 그에 따라 학생 한 명당 정해진 금액의 세금이 해당 학교로 배정된다. 이렇게 되면, 인기 있는 학교는 더 많은 학생을 유치하여 더 많은 자금을 받게 되고, 이를 통해 더욱 발전할 수 있다. 반면, 인기 없는 학교는 고객이 줄어들면서 수입을 잃게 될 것이고, 결과적으로 뒤처질 수밖에 없다.

시장 이데올로기를 따르는 정책 설계자들은 실제 시장과 최대한 비슷한 유사 시장을 만들고자 했다. 이들은 좋은 시장이 구매자에게 다양한 선택지를 주듯, 교육 시장에서도 학부모들에게 더 많은 선택권을 제공해야 한다고 생각했다. 이에 따라, 다양한 운영 방식, 다양한 교육과정, 전문화된 활동을 제공하는 각기 다른 여러 유형의 학교들이 생겨났다. 영국에서는 '아카데미학교', '자유학교', '전문직업학교' 등이 등장했고,[21] 미국과 일본 등에서는 '위탁형 공립학교'와 '특성화 공립학교'가 생겼다.[22] 영국의 경우, 아카데미학교로의 전환이 빠르게 이뤄졌다. 2010년대 초에는 영국 중등학교의 약 5%만이 아카데미학교였으나, 2018년에는 그 비율이 70%를 넘어섰다. 미국의 상황은 주별 정책 차이로 복잡하지만, 전체적인 흐름은 영국과 비슷하다. 2000년부터 2017년 사이에 위탁형 공립학교인 차터스쿨의 수가 거의 4배나 늘어났다.

영국의 아카데미학교와 미국의 차터스쿨 도입으로 교육 시스템에 큰 변화가 생겼다. 이들 학교는 국가 교육과정 준수 의무 등 여러 규정에서 자유로워졌고, 법적 책임도 줄어들었다. 이에 따라, 기존에 학교를 감독하던 지방 정부와 같은 규제 기관의 권한이 줄어들었다. 구체적으로, 학생 배정과 그에 따른 재정 분배를 감독할 권한을 잃었다. 규제가 줄어든 시장에서 학교들이 자유롭게 설립되고 폐교되면서, 교육의 다양성과 학부모의 선택권이 명목상으로는 확대되었다. 그러나 이러한 변화는 실제 교육의 질, 학교 접근성 같은 지역 차원의 교육 계획에 대한 고려 없이 이루어진 것이었다.

고전경제학은 시장이 고객에게 선택에 필요한 정보를 최대한 많이 제공해야 한다고 주장한다. 이에 따라 학교도 유사 시장의 일원으로서 학부모들에게 가능한 한 많은 정보를 제공하려 노력했다. 이를 위해, 학교의 시험 결과를 공개하고 학교 감사 보고서를 통해 각 학교의 성과를 비교할 수 있게 했다.

규제 완화를 지지하는 사람들은 학교가 실제 시장이 아니라 '유사 시장'이라는 점을 강조한다. 그들은 학교에는 이윤 추구 동기가 없기 때문에 교육의 질이 보장된다고 주장한다. 이들의 견해에 따르면, 학교의 규제를 완화하면 시장 체제의 장점인 유연성, 창의성, 대응성을 확보할 수 있다. 동시에 이윤에 기반한 실제 시장에서 나타날 수 있는 문제점, 예를 들어 비용 절감을 위한 교직원 수 감축이나 시설 축소와 같은 단점은 피할 수 있다고 본다. 이처럼 그들은 '유사 시장' 개념을 통해 시장의 장점만을 취하고 단점은 배제할 수 있다고 주장한다. 그러나 미국의 차터스쿨 사례는 '비영리'라는 명칭이 종종 명목상에 불과하다는 것을 보여준다. 규제 철폐로 가능해진 다양한 회계 기법을 통해, 많은 차터스쿨이 교육, 청소, 급식 등 모든 운영을 영리 회사에 위탁하고 있다. 영국의 상황도 크게 다르지 않다. 영국 감사원의 조사 결과, 아카데미 학교들을 운영하고 관리하는 아카데미 트러스트academy trusts의 43%가 이사, 수탁자, 또는 그들의 친척이 운영하는 사적 기업에 공공 자금을 지출한 것으로 밝혀졌다.

우리는 지금 교육의 시장화 혁명을 겪고 있다. 그러나 모든 현재 진행 중인 현상과 마찬가지로, 세부적인 사안들에 가려 전체적인 그림을 보기 어렵고, 그 궁극적인 중요성을 파악하기도 힘들다. 이 혁명이 큰 파장을 일으킬지, 아니면 조용히 사그라들지는 아직 불분명하다. 필자의 견해로는, 현재 명목상 도입되고 있는 이런 종류의 시장은 여러 이유로 인해 실제 시장처럼 작동하기 어려울 것으로 보인다. 여기서 말하는 실제 시장이란 소비자가 다양한 선택지 중에서 자유롭게 고를 수 있는 시장을 의미한다.

첫째, 소비자들은 아침 식사용 시리얼의 식이섬유 함량이 부족하다는 정보를 접하면 쉽게 다른 제품으로 교체할 수 있다. 그러나 학교라는 유사 시장에서는 학부모가 현재 학교에 만족하지 못하더라도 자녀의 학교를 바꾸는 것이 쉽지 않을 수 있다. 이는 친구 관계, 통학 거리, 그리고 교육과정 변경 등이 아이에게 미치는 부정적 영향 때문이다.

둘째, 시장은 다양한 선택지를 제공해야 하지만, 학교라는 유사 시장에서는 이러한 다양성이 제한될 수 있다. 이는 다양한 교육과정을 운영하려면 학교에 일정 수준의 학생 수가 필요하기 때문이다. 특히 농촌이나 교외 지역에서는 통학 가능한 거리에 충분한 수의 학교가 존재하지 않아 현실적인 선택지가 부족할 수밖에 없다.

셋째, 학교 선택의 근거로 제공되는 정보는 주로 시험 결과에만 치중되어 있어, 교육의 세부적인 내용을 제대로 제공하지 못하고 있다. 이러한 정보만으로는 학교에서 제공하는 교육의 질을 잘못 이해하게 만들 수 있다.

따라서 학교라는 유사 시장에서 '선택'이라는 개념은 적절하지 않은 표현으로 보인다. 첫째, 선택할 수 있는 대안이 매우 제한적이며, 둘째, 선택에 필요한 정보가 충분하지 않다. 게다가 선택은 특정 시점에 한 번만 이루어지고, 그 선택을 되돌리기 어렵다. 런던의 학교 감독관이었던 팀 브라이타우스 경은 이러한 상황에서 '선택'을 장려하는 것이 '거짓 안내'에 불과하다고 비판했다. 실제로는 학부모가 선택하는 것이 아니라, 학교가 은밀하게 선발 과정을 통해 선택권을 행사하고 있다는 것이 그의 지적이었다.

경제학 용어로 설명하자면, 학교라는 유사 시장은 고질적으로 '불완전한 경쟁' 상태에 놓여 있으며, 이는 크게 두 가지 요인에서 기인한다. 첫째는 독과점 상태로, 특정 지역에서 '판매자' 역할을 하는 학교의 수가 매우 제한적이기 때문이다. 둘째는 일종의 수요독점 상태로, 특정 '구매자'들, 예를 들어 우수한 학생들의 학부모들이 학교에 영향을 미치거나 특정 조건을 강요할 수 있는 힘을 가지게 된다. 이런 상황에서 학교는 성적이 우수하거나 특정 자질을 갖춘 학생들만 선발해야 한다는 압박에 직면하게 된다. 그 결과, 학교는 입학 기준을 높이고, 제한된 학생들만을 대상으로 교육 기회를 제공하려는 경향을 보이게 된다. 영국 교육부 장관 앤드루 아도니스가 공립학교 시장 개혁을 추진하면서 사립학교 교장들에게 "우리가 추구하는 것은 바로 여러분의 교육적 유전자DNA입니다"라고 발언한 것은 이러한 맥락에서 주목할 만하다. 그가 간과한 것은 이 '유전자'의 본질이 바로 선발에 있다는 사실이었다. 이에 대해 버밍엄의 명문 사립학교인 킹 에드워드 학교의 수석 교장인 존 클로튼은 다음과 같이 답했다.

우리가 감히 입에 올리기 어려운 단어가 하나 있다. 바로 '선발'이다. 대부분의 사립학교는 학업 성적을 기준으로 학생을 선발하는데, 이것이 학교의 성공에 필수적이라고 믿기 때문이다. 그래서 우리 학교들은 이런 특별한 유전자가 과연 공립학교에서도 계속 유용할지 의문을 품을 수밖에 없다.

교육에 시장적 특성을 추가함에 따라 여러 문제점들이 발생하게 된다. 가장 주목할 만한 것은 교육이라는 '시장'에서 시험과 그 결과의 공개로 인해 초래되는 부작용이다. 이는 학교에 전례 없이 엄청난 시험 부담을 가중시키고, 교육과정 자체를 왜곡시킨다. 특히 교사들은 최고 성적을 달성해야 한다는 압박에 직면하게 되며, 그로 인해 가르치는 방식과 교육적 성과에 대한 판단이 시험 성적 중심으로 치우치게 된다. 이 압박은 교사들뿐만 아니라 학생들에게도 고스란히 전달되어, 시험 성적에 대한 부담이 전반적인 교육 경험을 왜곡시키는 결과를 초래한다.

지난 30년 동안 진행된 교육의 시장화 과정에 대해 어떻게 평가해야 할까? 아마도 가장 중요한 점은 이러한 시장 지향적 변화가 성공적이었다는 명확한 증거가 거의 없다는 사실이다. 1990년대 초부터 운영된 미국의 차터스쿨은 여전히 성과에 대한 결론을 내리지 못하고 있다. 일부 중요한 연구에서는 차터스쿨이 개혁되지 않은 공립학교에 비해 오히려 성과가 더 나쁜 경우도 있다고 지적한다. 영국에서 최근 설립된 아카데미학교에 대한 연구 결과도 비슷하다. 기존의 공립학교를 아카데미학교로 전환하는 데 상당한 자금이 지원되었음에도 불구하고 뚜렷한 성과가 입증되지 않았기 때문이다. 영국 감사원에 따르면, 2010년에서 2018년 사이에 공립학교를 아카데미 학교로 전환하는 데 약 7억 4,500만 파운드(한화 약 1조 2,600억 원)가 지출되었다.

아마도 교육의 시장화의 효과를 평가하는 데 가장 좋은 사례 중 하나는 스웨덴일 것이다. 스웨덴은 1990년대에 전국적인 바우처 프로그램을 도입해 학부모들이 세금으로 지원되는 바우처를 공립학교와 사립학교에 자유롭게 사용할 수 있도록 했다. 이에 따라 새로운 수요를 충족시키기 위해 수많은 사립학교가 신설되었다. 그렇다면 이러한 시장화 개혁의 결과는 어땠을까? 가장 중요한 결론은 국제학업성취도평가 PISA에서 스웨덴의 학업성취도에 아무런 기여도 하지 않았다는 점이다. 2000년대 초반 스웨덴은 고소득 국가 중에서도 평균을 크게 웃도는 성과를 보였으며, 읽기, 수학, 과학에서 각각 516점, 509점, 503점을 기록했다. 그러나 시장화 이후인 2012년, 점수는 각각 483점, 478점, 485점으로 급격히 하락했다. 가장 최근인 2018년에는 점수가 다소 회복되었지만, 여전히 시장화 이전보다 훨씬 낮았다.

뉴질랜드의 상황도 스웨덴과 유사하다. 뉴질랜드는 1989년에 학교 선택을 자유화했으며, 스웨덴만큼 극단적인 자유화 정책을 시행하지는 않았지만, 결과는 비슷했다. 경제

협력개발기구OECD는 "뉴질랜드의 평균 성적이 처음에는 높은 수준이었으나, 읽기(2000~2018년), 수학(2003~2018년), 과학(2006~2018년) 분야에서 꾸준히 하락했다"고 지적했다. 물론 학생들의 학업 성취도가 학교 성공을 평가하는 유일한 기준은 아니다. 그러나 교육의 시장화를 지지하는 이들은 학업 성취도를 가장 중요한 성공 기준으로 삼는다. 이러한 결과를 보면, 그들이 교육의 시장화를 지속적으로 열정적으로 지지하는 것은 다소 모순으로 보인다.

현재의 교육 시장화는 '급진적' 개혁으로 묘사되곤 한다. 이는 교육 시스템에 몇 가지 중요한 변화를 가져왔는데, 그중에서도 교직의 불안정화와 시험에 대한 지나친 집착이 대표적이다. 다이앤 라비치Diane Ravitch는 이러한 변화를 『위대한 미국 학교 시스템의 죽음과 삶: 시험과 선택이 어떻게 교육을 약화시키고 있는가*The Death and Life of the Great American School System: How Testing and Choice are Undermining Education*』라는 저서에서 상세하게 분석했다. 주목할 점은 라비치가 마르크스주의자가 아니라는 것이다. 그녀는 처음에 이러한 교육 시장화 '개혁' 일부를 지지했고, 미국 행정부의 고위급 자문으로 일하기도 했다. 그러나 급진적이든 아니든, 실제로 개혁이 어떻게 이루어지고 있는지를 파악하는 일은 어렵다. 진정한 개혁은 오늘날 우리가 학교에 무엇을 기대하는지, 즉 교육이 어떤 모습이어야 하는지에 대한 근본적인 질문을 통해서만 가능할 것이다. 나는 7장에서 이러한 질문들 중 일부를 탐구해보고자 한다.

제 5 장

분석가와 이론가의 유산

만약 화성에서 온 인류학자들이 1900년의 학교에서 21세기의 학교로 시간 여행을 한다면, 그들은 여전히 같은 유형의 기관에 도착했다고 확신할 것이다. 교실, 교사, 책상, 걸상, 시간표 등 전통적인 요소들이 여전히 남아 있기 때문이다. 하지만 21세기 교실에서 우리의 화성인 친구들은 노트에 몇 가지 큰 변화를 기록할 것이다. 예를 들어, 학급 규모가 줄어들었고, 학생 구성은 더욱 다양해졌으며, 통제와 규율은 유연해졌고, 교수법은 더 상호작용적으로 변화되었다는 점 등을 들 수 있다.

  이와 같은 변화는 어떻게, 그리고 왜 일어났을까? 물론 부의 증가, 인구통계학적 변화, 그리고 권위에 덜 얽매인 사회의 개방이 주요 요인이다. 그리고 앞에서 살펴본 바와 같이, 찰스 디킨스와 같은 사회 개혁가들이 교육과정의 명백한 불합리성과 일상적 잔인함에 대해 비판을 제기한 결과이다. 더불어 듀이와 같은 새로운 유형의 교육 전문가들의 분석도 변화를 이끌어낸 중요한 요인이다.

그러나 주목할 점은 학교의 교수 방식 변화가 새로운 유형의 관찰자이자 분석가인 사회과학자들에 의해 촉발되었다는 것이다. 이들은 학습, 교수법, 학교 운영에 대한 새로운 통찰을 제시하며 여러 방면에서 개혁을 이끌어냈다. 사회과학의 발전은 한편으로는 긍정적인 개혁을 가져왔지만, 다른 한편으로는 매력적이지만 실제로는 비생산적인 결과를 낳기도 했다. 사회과학에서는 문제가 되거나 비합리적인 이론에 대한 반박이 자연과학만큼 명쾌하게 이루어질 수 없었기 때문이다. 그로 인해 학습과 학교 운영을 개선하려는 과정에서 여러 차례의 시행착오를 겪어야 했다. 이 장에서는 사회과학자들의 연구와 이들의 아이디어에 대응하여 시도된 다양한 접근 방식을 살펴보고자 한다.

심리학의 부상

19세기 말에 태동한 신생 과학인 심리학은 두 차례의 세계대전 사이에 급격히 확장되었다. 이 시기에 심리학자들은 아이들이 사고하는 존재로서 어떻게 성장하는지에 대한 질문을 제기했다. 예를 들어, 그들은 아이들이 성인과 같은 정교한 사고 능력를 발전시키는 과정에서 어떠한 단계를 거치는지에 대해 물었다. 아이들은 성인과 다른 방식으로 사고하는가? 단순히 그들의 사고가 덜 성숙한 것이 아니라, 실제로 성인과는 다른 정신 구조를 사용하여 사고하는가? 이러한 질문들에 대한 답변은 분명 교사들에게 중요한 의미를 가질 수밖에 없다. 만약 아이들이 성인과 다르게 사고하고 학습한다면, 교사들은 자신들의 가르침이 효과를 발휘하도록 하기 위해 아이들의 학습 요구에 맞춰 교수법을 조정해야 할 것이기 때문이다. 20세기 중반까지, 이러한 질문들에 대한 이론은 크게 세 가지로 나뉘었다. 각 이론은 학습을 개념화하는 방식, 교사들이 어떤 교수법을 사용해야 하는지에 대한 결론에서 서로 차이를 보였다.

첫번째 이론은 스위스의 심리학자 장 피아제가 제시했다. 그는 자신의 자녀들을 자연 실험 대상으로 삼아, 아이들이 실제로 성인과 다르게 사고한다는 사실을 알아냈다. 어린아이들은 특정한 유형의 질문에 대해 규칙적이고 일관되게 오답을 제시했다. 예를 들어, 긴 용기에 담긴 물을 더 짧고 넓은 용기에 부었을 때, 어린아이들은 긴 용기에 더 많은 물이 담겨 있다고 대답했다.

  피아제는 이러한 관찰을 바탕으로 아이들이 서로 다른 사고 단계를 거친다고 주장했다. 첫번째는 감각운동 단계로, 출생부터 약 2세까지 해당한다. 이 시기에는 움직임과 감각이 전부이지만, 아이는 '대상 영속성'과 같은 세계에 대한 중요한 이해를 발전시킨다. 대상 영속성이란 물체가 우리 눈에 보이지 않더라도 계속 존재한다는 사실을 깨닫는 것이다. 하지만 안타깝게도 대상 영속성은 '까꿍' 놀이의 재미를 반감시킨다(그림 7 참조). 다음으로는 전조작 단계로, 2세부터 7세까지 해당한다. 이 시기의 아이들은 매우 자기중심적이어서 다른 사람들에게 세상이 어떻게 보이는지를 이해하지 못한다. 이어서 7세에서 11세까지의 구체적 조작기, 마지막으로 약 11세 이후에 형식적 조작기가 시작되어 추상적이고 논리적인 사고가 발달한다고 하였다.

7. 피아제의 대상 영속성은 아이가 어떤 물체가 눈에 보이지 않더라도 그것이 존재한다는 것을 이해하는 능력을 설명한다.

각 단계는 아이들이 처리할 수 있는 사고의 종류에서 뚜렷한 차이를 보인다. 예를 들어, 피아제는 두 용기에 동일한 양의 물이 담겨 있다는 것을 이해하는 능력을 '머릿속에 간직하는 능력'이라고 불렀다. 즉, 첫번째 용기에 있는 물의 양을 '기억'하여 다른 용기에 부어도 동일한 양임을 인식하는 능력이다. 이 능력은 7세에서 11세 사이의 구체적 조작 단계에서 나타나며, 그 이전에는 나타나지 않는다고 보았다.

피아제 이론은 교수법에 중요한 부수적 효과를 가져왔다. 이 이론은 아이들이 거치는 단계가 유전적으로 결정되고 변하지 않는다는 견해를 제시하여, 사고 발달 방식에 일정한 고정성이 있음을 시사했다. 피아제는 아이들이 이러한 단계를 순차적으로 거쳐야 한다고 경고했으며, 특정 단계를 거치지 않으면 다음 단계의 개념을 처리할 수 없을 것이라고 보았다. 즉, 각 단계를 순차적으로 거치지 않으면, 다음 단계에서 더 복잡한 아이디어를 처리할 인지적 능력을 획득할 수 없다는 것이다. 이는 특히 '준비도' 개념으로 이어졌는데, 아이들이 특정한 종류의 학습과 교수법을 감당할 준비가 되어 있어야 한다는 것이다. 예를 들어, 너무 일찍 읽기를 가르치면 아이들은 지루해하거나 혼란스러워할 수 있으며, 심지어 학습에 대한 불안감을 느낄 수 있다고 보았다.

마지막 지적은 정확하다. 아이들이 과도하게 압박을 받으면 실제로 의기소침해지거나 불안해질 수 있다. 그러나 여러 면에서 피아제의 이론은 실제 사실과 일치하지 않는다. 적절한 환경이 주어지면, 어린아이들도 때때로 상당히 높은 수준의 논리적 사고를 할 수 있는 것처럼 보인다. 우리는 종종 아이들이 스스로 문제를 해결하는 것에 놀라곤 하며, 특히 관심 있는 어른이 질문을 던지거나 피드백을 제공하여 아이가 논리적 사고를 더 잘 할 수 있도록 도울 때 이러한 경향은 더욱 두드러진다.

아이들이 실제 생활에서 발달시키는 학습 방식을 돌아보면, 성인의 도움이 얼마나 중요한지 알 수 있을 것이다. 피아제를 비판하는 사람들은 이 위대한 발달 심리학자가 이러한 도움을 고려하지 않은 관찰에 기반하여 아이들의 학습 이론을 세운 것은 적절하지 않다고 주장했다. 사실, 우리는 아이들이 사고 모델을 형성하는 과정에서 받는 도움을 매우 진지하게 고려해야 한다. 학습은 누군가의 도움 없이 아이 혼자서 불안하게 고민하며 이루어지는 고독한 활동이 아니다. 그러한 고립된 상황에서 나타나는 아이들의 행동은 그들이 어떻게 사고하고 학습하는지를 제대로 보여주지 않는다.

피아제 이론에 대한 도전은 1970년대 옥스퍼드 심리학자 피터 브라이언트의 연구에서 가장 두드러졌다. 그의 연구는 전 세계 여러 연구자들이 동일한 맥락에서 수행한 연구들처럼, 아이들이 적절한 도움과 환경을 제공받으면 피아제가 제시한 인지 단계를 넘어설 수 있음을 보여주었다. 예를 들어, 아이들이 용기에 담긴 물의 양에 대해 혼란을 겪는 것은 단순히 '더 많다'라는 표현에 대한 오해 때문일 수도 있다는 것이다. 그 표현이 아이들에게는 단순히 '더 높다'는 의미로 받아들여졌을 가능성이 있다. 만약 '더 많다'의 의미를 충분히 설명해주었다면 아이들은 적절하게 대답할 수 있었을 것이다.

많은 교육자들에게 이러한 도전은 안도감을 주었다. 피아제의 정통 이론은 많은 교사들에게 발달이 교사의 노력보다는 단순한 생물학적 성장에 더 의존한다는 생각을 하게 했기 때문이다. 브라이언트는 피아제 이론의 한 측면이 유용했다는 점을 기꺼이 인정했다. 그 유용성은 아이들이 스스로 정신 세계를 '구축한다'는 것을 제시하여, 그것이 단순히 전달되는 것이 아님을 보여주었다는 점이다. 그러나 그는 "피아제 이론이 아이들의 논리적 능력에 주는 함의가 교사들에게는 분명히 제한적이고 부정적이라는 점에는 의문의 여지가 없다"(257쪽)고 경고했다.

이러한 '제한적이고 부정적인' 함의에도 불구하고, 피아제의 연구는 교사 교육에 큰 영향을 미쳤다. 이는 단계적 발달 이론이 가르침의 구조화와 진행 순서에 중요한 시사점을 제공했기 때문이다. 1950년대부터 20세기 말까지, 그 타당성에 대한 도전에도 불구하고 피아제 이론은 교사 양성 과정에서 가르쳐지는 교육 이론의 중심적 위치를 차지했다. 이 이론은 읽기 교육에서부터 과학 교육에 이르기까지 광범위한 주제와 관련이 있는 것으로 여겨졌다.

안타깝게도, 교사 교육에서 아이의 사고를 이해하는 데 피아제가 기여한 공헌은, 그가 제시한 발달 단계 및 아이들이 그 단계를 어떻게 통과하는지(혹은 어떻게 통과하지 못하는지)에만 초점이 모아졌다. 이 때문에 이보다 더 중요한 그의 메시지는 상대적으로 간과되었다. 그 메시지는 발달 단계를 설명하는 생물학적 결정론과는 상당히 다른 것으로, 어린아이들이 자신의 경험을 통해 스스로 정신적 모델을 구축하고 자신만의 독자적인 세계를 구성한다는 점이었다. 이처럼 피아제는 세계의 개인적 구성을 중시하였기에, 그의 접근 방식은 '구성주의'로 알려지게 되었다.

논란의 여지가 있는 발달 단계 이론을 제외하면, 아이들이 스스로 정신 세계를 구성한다는 피아제의 아이디어는 매우 중요하고도 핵심적인 기여라고 할 수 있다. 그의 이 아이디어는 20세기의 두번째 심리학 사조인 '사회적 구성주의자들'의 이론으로 이어진다. 이 이론의 대표적인 학자는 레프 비고츠키와 제롬 브루너이다. 비고츠키는 제2차세계대전 이전 소련의 심리학자였고, 브루너는 제2차세계대전 이후 하버드대학교의 심리학자로, 이들의 상황과 배경은 매우 달랐다. 그들은 서로 다른 시기와 장소에서 활동하였음에도 놀랍게도 유사한 주장을 펼쳤다.

피아제와 마찬가지로, 비고츠키와 브루너는 아이들이 자신의 사고 모델을 구성하는 방식을 강조했다. 그러나 그들은 이 과정이 스위스 심리학자와의 주장과는 확연히 다른 방식으로 이루어진다고 보았다. 두 사람 모두 학습에서 언어의 중요성을 강조했는데, 이는 피아제와는 차별화되는 새로운 관점이었다. 더욱 중요한 차이점은 두 사람 모두 아이들이 부모나 교사와 같은 멘토로부터 받는 도움의 중요성을 크게 강조했다는 점이다. 브루너는 아이들이 새로운 기술을 학습할 때 부모나 교사가 '비계scaffolding'와 같은 역할을 한다는 비유를 제시했다. 비계는 건설 현장의 작업자들이 높은 곳에서 일할 수 있도록 설치하는 임시 구조물이다. 부르너는 교사나 부모가 아이에게 더 높은 수준의 학습에 도달할 수 있도록 일시적으로 제공하는 지원을 비유적으로 '비계'라 표현한 것이다. 한편, 비고츠키는 당시의 교육자들에게 다소 생소한 '근접 발달 영역'이라는 개념을 제시했다. 이는 아이들이 이미 할 수 있는 것보다 약간 더 어려운 영역에 있는 활동이지만, 아이들이 도움을 받으면 바로 수행할 수 있는 활동을 말한다. 비고츠키는 교육이 바로 이 영역에 집중해야 한다고 주장했다.

이 모든 것은 너무 당연한 얘기가 아닐까? 언어가 가르침에 도움이 되고, 어른이 아이를 도와야 하며, 교사는 학생이 이해할 수 있는 내용을 중심으로 수업을 진행해야 한다는 것은 너무 자명한 일이 아닌가? 사실, 이 '사회적 구성주의'는 플라톤에서 시작해 로크, 루소, 그리고 프뢰벨에 이르기까지 이어져 온 아이디어들, 즉 어른들이 아이들의 인지 발달과정을 섬세하게 지원해야 한다는 진보주의의 전통과 유사하지 않은가?

이러한 질문들에 대한 답은 '그렇다'이다. 비고츠키와 브루너의 메시지는 이전의 진보적 교육자들의 사상과 완벽하게 조화를 이룬다. 그들의 통찰이 중요한 이유는, 아이들의 발달을 자칫 결정론의 관점에서 볼 우려가 다분한 피아제 이론에 대한 해독제를 제공했기 때문이다. 피아제는 아이들의 지적 발달을 마치 이미 쓰인 두루마리를 펼쳐가는 과정으로 바라본다. 반면, 비고츠키와 브루너는 발달을, 아이가 성장함에 따라 두루마리에 글씨가 쓰이는 과정으로 보았다. 즉, 그들에게 발달은 가변적이고 수정 가능한 것이었다.

브루너의 연구에서는 아이디어를 실제 교육 현장에 더 직접적으로 적용하는 모습을 볼 수 있다. 그는 교수 내용과 교수 방법을 함께 고려하여 이를 하나로 통합한 교육 이론을 제시했다. 브루너는 특정 과목의 '본질'(또는 지식의 구조)에 대한 이해뿐만 아니라, 아이들의 학습 과정을 세심하게 고려하여 통합적으로 접근했다.[23] 그의 첫번째 교훈은, 어떤 내용이라도 가르치고 배우기에 불가능한 영역은 없다는 것이었다. 적절한 수준과 올바른 방식으로 제시되기만 하면 누구나 거의 모든 것을 배울 수 있다는 것이다. 이는 피아제의 '준비도' 개념과는 분명히 대조되는 입장이었다.

따라서 교사의 역할은 학생들에게 단순히 어떤 사실이나 기술을 배울지 선별하여 정보를 전달하는 것이 아니다. 대신, 교사는 학생들이 특정 과목의 본질을 이해하도록 사고를 촉진하는 역할을 해야 한다. 브루너는 이러한 접근법에 대해 다음과 같이 설명했다:

> 기본 원리, 근본적인 공리, 보편적인 주제를 가르치는 데 중점을 두는 것이 당연한 방향이었다. 교사의 임무는 단순히 지식을 전달하는 것이 아니라, 지적 능력의 함양을 지원하는 것이다.

구성주의 심리학자들은 또한 최근의 또다른 교육 사조에 대해 균형을 잡아주는 역할을 했다는 점에서도 중요하다. 이 교육 사조는 앞서 언급한 세 가지 이론 중 세번째에 해당하는 행동주의 이론이다. 행동주의자들은 학습, 심지어 매우 복잡한 개념의 학습조차도 개별적으로 분리된 단위로 나누어 접근하는 것이 가장 효과적이라고 주장했다. 그들은 단계별로 성공을 보상해주는 환경을 조성하면, 그 안에서 어떤 복잡한 내용도 작은 단위로 잘게 쪼개어 학생들에게 개별적으로 가르칠 수 있다고 보았다.

「플라우든 보고서」에서 행동주의는 다소 단호하게 배제되었으나, 많은 심리학자와 교육자는 행동주의가 학습의 모든 문제를 해결하며 교육의 '밝은 미래'를 제시한다고 보았다. 특히 하버드의 심리학자 스키너의 조작적 조건화 이론은 모든 학습, 심지어 언어 학습조차도 단순한 자극-반응의 연결로 설명할 수 있다고 주장하였다. 많은 심리학자는 이를 교육의 모든 문제를 해결할 수 있는 해답으로 여겼다. 행동주의자들은 학습 내용을 체계적으로 분석하여 누구나 학습할 수 있는 아주 작은 단위로 잘게 쪼갠 뒤, 가장 논리적인 순서로 이를 학습자에게 전달하는 것이 우리가 해야 할 일의 전부라고 주장하였다. 그들은 이러한 방식으로 교육의 모든 문제가 해결될 것이라고 믿었다.

현재 이 아이디어는 학습의 복잡성을 이해하는 방식으로는 더이상 신뢰받지 못하고 있다. 그러나 당시에는 너무도 많은 사람들이 이 아이디어를 미래를 향한 길로 여겼다. 부끄럽게도, 필자 역시 젊은 시절의 순진함 속에서 이 생각에 동조한 적이 있다. 이 아이디어는 1960년대와 1970년대에 우스

꽝스럽지만 비교적 무해한 '교수 기계teaching machine'의 도입으로 이어졌다. 더 심각한 문제는 교육과정을 칼로 무 자르듯이 잘게 분해할 수 있다는 발상으로 이어졌다는 사실이다. 이러한 생각은 그 당시 일부 학교, 특히 학습 장애를 가진 아동을 위한 특수학교에서 학습과 행동에 대한 '프로그램화된 교수법'과 '행동 목표'의 개발로 이어졌다.

그 결과, 복잡한 개념들이 수천 개의 행동 목표와 학습해야 할 사실들로 해부되면서 교육과정은 만신창이가 되었다. 이러한 관점을 따른다면 어떠한 교육이 이루어질지 예상할 수 있다. 예를 들어 "제1차세계대전의 원인은 무엇인가?"를 다루는 수업을 상상해보자. 행동주의를 따르는 교사의 뇌는 가장 단순한 단위까지 분해하는 분석 방식을 따르도록 유도될 것이다. 날짜, 국가, 인물의 목록이 모두 학습을 위해 분할된 단위로 나열될 것이다. 주목할 점은 이와 같이 쉽게 학습 가능한 정보 단위들만 선호한 나머지, 흥미롭고 다양한 가설들에 대한 논쟁, 사고, 토론 등의 비판적 활동은 아예 설 자리가 없어질 것이라는 점이다.

그러나 다행스럽게도 사람들은 진실을 깨달았고, 행동주의 실험은 교육 이론이라는 나무에서 하나의 큰 가지라기보다는 짧은 그루터기에 불과하다는 것이 드러났다. 사람들은 그것이 어리석은 각도로 뻗어나가고 있음을 인식하고 이를 전기톱으로 잘라냈다. 그러나 유감스럽게도, 행동주의를 신봉하는 일탈적인 관점은 교육의 기본 구조 내에 여전히 남아, 현재까지도 '표준', 목표, 책무성, 그리고 시험을 강조하는 체계적인 교육과정을 선호하는 이들에 의해 언제든 다시 동원될 준비가 되어 있다.

오늘날 많은 교육자들이 비고츠키와 브루너의 연구에 영감을 받는 이유는 이 두 이론가가 교육 담론에 명확성을 부여했기 때문이다. 이와 대조적으로, 피아제와 스키너는 학습에 대한 오랜 진실에 반박하는 것처럼 보였다. 피아제는 인지 발달의 단계를 지나치게 보편화하여 개인차를 충분히 고려하지 않았고, 스키너는 학습을 외부 자극에 대한 기계적 반응으로 설명하여 내적 인지 과정의 중요성을 간과했기 때문이다. 그 결과, 그들의 이론은 진보적 교육자들이 전달하고자 한 메시지를 혼란시키거나 심지어 그와 모순되기도 했다. 여기서 비고츠키와 브루너의 공헌은 진보주의적 사고의 실마리를 다시 포착해 이를 통합하고 체계화했다는 데 있다.

테스트, 또 테스트

심리학의 또다른 갈래, 즉 인간 능력을 측정하는 심리측정학은 교육의 발전 방식에 깊은 영향을 미친 것으로 밝혀졌다.

20세기 초, 심리학자들은 그 가능성에 대해 큰 기대를 품고 있었다. 모든 것은 파리 소르본대학의 알프레드 비네 생리심리학 연구소에서 시작되었는데, 그곳에서 젊은 프랑스 심리학자인 비네가 지능 '검사' 도구를 개발했다. 이 연구에 대한 관심은 대서양을 건너 빠르게 확산되었고, 1916년 미국의 심리학자 루이스 터먼은 비네의 연구를 발전시켜 '지능지수IQ'라는 용어를 만들어냈다. 터먼은 "학교의 첫번째 과제는 모든 학생의 타고난 능력을 확인하는 것이며, 두번째는 각 능력 수준에 맞는 교육을 제공하는 것이다"(336쪽)라고 주장했다

이 모든 것은 지능이 무엇인지, 그리고 지능 측정이 교사들에게 어떻게 도움이 될 수 있는지에 대한 가정과 연결되어 있었다. 초기 심리학자들 중 많은 이들은 지능이 키나 머리카락 색깔처럼 타고난 특성이라고 가정하고 있었다. 그 결과 타고난 지능에 대해 우리가 할 수 있는 일은 거의 없다는 결론으로 이어졌다. 사람들은 자신이 유전적으로 타고난 것을 받아들인 채로 살아야만 했다. 지능이 고정되어 있고 타고난 지능을 향상시킬 가능성이 거의 없다면, 각자의 잠재력에 맞춰 교육하는 것이 합리적으로 보였다. 심리측정학은 능력 수준을 효율적으로 측정하고, 지능이 가장 높은 사람부터 가장 낮은 사람으로 인구를 분류한 뒤에, 각기 다른 능력 수준에 맞춰 차별화된 교육을 제공할 수 있다는 약속을 제시했다.

특히 한 심리학자가 이를 강력하게 주장했다. 그는 1913년에 런던 최초의 심리학자로 임명된 시릴 버트Cyril Lodowic Burt, 1883~1971였다. 버트는 새로운 기술인 심리측정학에 매료되었다. 그는 엄청난 에너지와 매력적인 문체로 빠르게 명성을 쌓았다. 또한, 그는 심리측정학에 대한 열정, 지능은 유전되며 거의 변하지 않는다는 확고한 신념을 갖고 있었다. 이러한 요소들이 결합되어, 그는 '검사'를 통해 아이들을 분류하는 방식에 기반을 둔, 더욱 차별적인 교육 시스템에 큰 영향을 미쳤다.

버트의 연구에 대한 해석과 관련하여 일부에서는 논란이 있지만, 그가 실존하지 않는 일란성 쌍둥이 연구에서 지능의 유전성에 대한 데이터를 조작했다는 주장은 여러 증거에 의해 강력하게 뒷받침되고 있다. 버트는 단순히 데이터를 날조했을 뿐만 아니라 유전론에 대한 자신의 가설을 뒷받침하기 위해 자료와 인물들까지 조작한 것으로 보인다. 그의 전기를 집필한 작가이자 심리학자였던 레슬리 스펜서 헌쇼Leslie Spencer Hearnshaw, 1907~1991는 다음과 같이 말했다. "버트가 학술지 편집장으로 재직할 때, 그 학술지에 서평, 노트, 편지를 기고한 40명이 넘는 '인물들' 중 절반 이상이 신원이 확인되지 않았으며, 그들의 기고문 스타일과 내용을 고려할 때 버트의 가명일 가능성이 높다."

버트의 사기 행각은 그의 사망 후에야 밝혀졌으나, 생전에 활약하던 시절에는 '해도우 위원회'와 '1944년 영국의 교육법 제정'에 가장 영향력 있는 기여자 중 한 명이었다. 특히 그는 아이들을 능력에 따라 분류하고 차별하는 분위기를 조성하는 데 중요한 역할을 하였다. 여러 면에서 미래 지향적이었던 해도우 위원회의 위원들은 버트의 그럴듯하고 설득력 있는 주장을 수용하였다. 그 결과, 그들은 "아이들은 단순히 학급이나 수준에 따라 분류되는 것이 아니라, 능력에 따라 각기 다른 유형의 학교로 배치되어야 한다"고 믿게 되었다.

1944년의 교육법은 모든 이에게 무상 중등교육을 제공하는 동시에, 제2차세계대전 이후 영국의 교육 시스템을 고도의 분리된 구조로 만들었다. 이 시스템은 11세에 치르는 일련의 '시험', 즉 '11+ 시험'을 도입하여, 학업 능력이 뛰어난 아이와 그렇지 않은 아이들을 구분하였다. 이 시험은 수학, 영어, 언어 및 비언어적 추리 능력을 평가하고, 그 결과에 따라 학문적, 실용적, 기술적 사고방식으로 아이들의 사고유형을 구분하여 학생들을 각각 문법학교, 중등 현대학교, 기술학교로 배정하는 역할을 하였다. 이 분리된 교육시스템은 버트의 그럴듯해 보이지만 실제로는 잘못된 심리학 연구에 근거하고 있었다.

그러나 지능 검사에 따른 선별적 교육에 관한 주장들이 무

비판적으로 수용되기만 한 것은 아니다. 정치학자 월터 리프먼Walter Lippmann, 1889~1974은 1920년대 초 미국에서 일련의 기사를 발표하며, 지능 검사자들이 지능의 유전성에 대한 독단적 교리에 집착하고 있다고 비판하였다. 그는 "이 교리를 신봉하는 자들이 지능 검사를 시행한다면 지적 카스트 제도로 이어질 수밖에 없다"고 주장했다. 리프먼의 통찰력과 선견지명은 후일의 사건들에 의해 입증되었다. 심리측정학에 의해 가능해지고 촉진된 선별적이고 분리적인 교육 시스템에서, 그가 예견했던 바로 그 카스트 제도가 드러난 것이다(그림 8 참조).

박사님, 성공의 공식을 발견하신 것 같습니다.

8. 20세기 중반 상당수의 심리학자들이 학업 성취에 유전과 환경이 각각 얼마나 영향을 미치는지에 초점을 맞추었다.

유전론자들의 주장은 유전에 대한 보다 정교한 연구 결과들이 나오면서 그 신뢰성이 서서히 약화되었다. 특히 그 연구들이 단지 능력뿐 아니라 인종과 관련될 때 그런 경향은 더욱 심화되었다. 유명한 통계학자인 피엔버그Stephen Elliott Fienberg, 1942~ 2016와 레스닉Paul Resnick은 "1920년대를 거치면서 유전론의 진정한 신봉자들이 회의론자로 변했으며, 미국 심리학의 주류가 인종에서 문화로, 본성에서 양육으로 그 패러다임이 전환되었다"(11쪽)고 설명하였다. 그들은 이러한 변화의 이유를 심리학 문헌에서 축적된 증거들의 무게로 돌렸다. 그 증거들은 매우 다양하고 광범위한 출처에서 나왔다. 인종 차이에 대한 연구에서 환경적 영향에 대한 부적절한 통계적 처리를 폭로한 연구, 미국 북부에서 자란 흑인의 지능이 남부 출신 백인보다 높다는 연구, 그리고 뉴욕에서 자란 남부 출신 흑인 아이들을 대상으로 조사한 결과, 뉴욕에서 오래 거주할수록 지능이 더 높다는 연구 등이 있었다.

유전론적 견해가 꾸준히 재부상하는 경향이 있긴 지만, 21세기에 이르러 유전론적 견해가 우세하다고 주장할 사람은 아무도 없다. 인간 능력의 기원에 관한 논의는 이제 훨씬 더 복잡한 요소들이 작용하고 있음을 인정하고 있다. 그러나 이러한 견해들이 촉발시킨 운동의 유산은 여전히 잔존하고 있다. 즉, 사람들이 능력을 마치 태어날 때 부여받은 특성인 것처럼 자신 있게 말하고, 학교에서는 학생들이 타고난 '잠재력'에 비례하여 평가받고 교육받아야 한다는 생각이 여전히 널리 퍼져 있다.

그러나 20세기 초부터 한 세기 동안 축적된 연구와 성찰은 '인간의 잠재력은 복합적이고 다면적으로 발현되며, 누구에게나 다양한 형태로 존재하므로 심리측정학으로는 이를 제대로 평가하기 어렵다'는 교훈을 남겼다. 안타깝게도, 심리측정학이 부당하게 획득한 과학적 신뢰성이라는 권위는 '시험' 제도를 정당화하는 데 이용되어, 교육과정을 왜곡하고 여러 세대의 아이들을 열등한 교육으로 내몰았다.

벽 속의 또다른 벽돌

심리학자들은 아이의 학습 방식에 대한 자신들의 이론을 통해 교육에 상당한 영향을 미쳤다. 그들의 관점은 아동중심 교육에 뿌리를 두고 있었으며, 이는 단순히 학습 방식에만 영향을 미친 것이 아니라 사회적 차원에서도 깊은 영향을 끼쳤다. 한편, 일부 학자들은 학교라는 제도를 외부에서 바라보며, 학교가 어떻게 아이들의 사회적 위치를 반영하고 강화하는지에 주목하였다. 예를 들어, 사회학자들은 성별, 인종, 계층, 장애를 분석하여 학교가 아이들 간 차이를 어떻게 그리고 왜 유지하거나 심화시키는지, 낙인을 어떻게 형성하는지, 혹은 특정 배경을 가진 아이들을 어떻게 '문제아'로 그릇되게 규정하는지를 연구하였다.

간단한 예로 선별적 교육 제도를 살펴보자. 앞서 버트와 같은 심리학자들의 조언에 따라 선별적 교육 제도가 확장된 점을 언급한 바 있다. 분석에 따르면, 이 제도는 그 지지자들이 주장한 바와 달리 '똑똑한' 노동 계급 청소년들에게 더 나은 미래로 가는 관문을 제공하지 않았다. 오히려 이 제도는 젊은 세대 간의 기회 격차를 단순히 재생산하거나 심화시키는 것으로 드러났다. 1959년 「크로더 보고서: 15세에서 18세」가 인상적으로 표현했듯이, 대부분의 노동 계급 자녀들이 선별적인 문법학교에 진학하지 않는다면, 토머스 하디의 소설 제목처럼 "무명의 주드"로 남게 될 것이다. 그러나 중요한 점은 그들 중 극소수만이 문법학교에 진학했다는 사실이다. 이 보고서는 광범위한 연구에 근거하고 있었으며, 모든 연구가 같은 결론을 가리키고 있었다. 즉, 선별적 교육 제도는 젊은이들의 재능을 낭비할 뿐만 아니라, 급격히 변화하는 사회에 필요한 기술과 적응력을 젊은이들에게 제대로 길러주지 못하고 있었다.

청소년들 사이에서 한때 유행했던 '난 듣지 않을 거야'라는 의미의 "손에게 말해Talk to the hand"라는 유행어는 학교에 있는 많은 아이들의 태도를 잘 드러낸다. 상당수의 학생들이 학교에서 자신들에게 하는 말을 거의 듣지 않으며, 더욱이 신경도 쓰지 않는다. 이는 일상적인 관찰뿐만 아니라 공식 통계에서도 확인된다. 2018년 영국에서 의무교육 10년을 마친 졸업생들이 치르는 일반 중등교육 자격시험에서는 단 43%의 학생들만 영어와 수학에서 5등급 이상의 성적을 얻었다. 5등급은 상급학교 진학이나 직업 진로로 나아가기 위해 통과해야 할 최소한의 척도로 간주된다. 인종별로 살펴보면 상황은 더욱 심각하다. 백인 학생의 43%가 영어와 수학에서 이러한 수준의 성취를 기록한 반면, 흑인 카리브해 출신 학생은 27%, 집시 출신 학생은 5%에 불과했다. 이러한 통계는 충격적일 뿐만 아니라 지속적으로 반복되는 양상을 보였다.

게다가 정부는 학교의 '성과'를 개선하기 위해 당황스러울 만큼 다양하고 새로운 정책을 시도했음에도 불구하고, 수년간 상황은 크게 나아지지 않았다. 가장 두드러진 예는 2001년 미국의 '아동낙오방지법'에 의해 시행된 대대적인 '개편'에서 찾아볼 수 있다. 2018년까지 이 법안은 학교의 '성과'에 어떤 영향도 미치지 않은 것으로 나타났다(3장의 〈표 2〉 참조).

학교는 왜 이렇게 많은 청소년들에게 성공적이지 못한 것일까? 우리는 학교에서 아주 단순한 지식만을 가르칠 목적으로 시간과 돈을 투자할 때, 더 큰 효과를 낼 것이라고 생각할지도 모른다. 정치인들은 항상 이 난제에 답을 찾으려 노력하지만, 그들의 답은 대개 부실하거나 잘못된 교수법으로 잘못된 내용을 가르치고 있기 때문이라는 결론으로 이어진다. 교사, 교장, 교사 교육자와 같은 교육 전문가들은 자신들의 책임하에 있는 아이들과 청소년들의 기본적인 요구보다는 사회 정의와 같은 고상한 이상에 더 관심 있는 자들로 간주된다. 1993년, 영국 총리 존 메이저John Major, 1943~는 교사들에게 '기본으로 돌아가라'고 촉구하며 이러한 정서를 집약적으로 보여주었다.

많은 이들이 이러한 정서에 동의하지만, 교육 개선을 위한 정부 개입의 지속적 실패는 '부실한 교수법'이라는 진부한 표현을 넘어, 수많은 아이들이 학교에서 실패하는 이유에 대해 조금 더 깊이 들여다볼 필요가 있음을 시사한다. 그중 하나는 학교와 가정의 상이한 문화에 관한 것이다. 많은 아이들이 학교에서 좋은 성적을 내지 못하는 이유는 단순히 학교에서 일어나는 일들을 이해하지 못하기 때문이다. 우리는 수십 년 동안 이러한 상황을 인식해 왔다. 사람은 자신이 속한 환경 속에서 환경을 통해 학습한다. 그러나 그 환경이 학교와 크게 다를 경우, 학교에서 많은 것을 배우지 못하게 된다.

학교는 모든 학생에게 출신 배경에 상관없이 동등한 기회를 제공하여 더 높은 사회적 지위나 직업적 성공을 실현할 수 있는 '사회 이동성'을 촉진하기보다는, 사회 구성원들 간의 기존 격차를 고착화시키는 것으로 보인다. 위의 통계가 보여주듯, 집시 출신 아이들 중 학교에서 아주 기본적인 학습수준에조차 제대로 도달하는 경우는 매우 드물고, 옥스퍼드나 하버드에 진학하는 경우는 더욱 희박하다. 교육 자선단체이자 교육 불평등 문제 해결에 관심 있는 서튼 트러스트the Sutton Trust의 의미심장한 통계는 이를 잘 보여준다. 지난 3년 동안 옥스퍼드대학과 케임브리지대학의 신입생 중 영국의 '최상위' 5개 학교 출신은 946명이었고, 나머지 2,000개의 학교와 컬리지 출신은 거의 같은 수에 달하는 927명이었다.

이는 특정 학교가 학생들에게 엄청난 이점을 제공하는 것이 분명하다는 사실을 보여준다. 그중 가장 큰 이점은 바로 학급의 규모가 매우 작다는 점이다. OECD 통계에 따르면 2017년 영국 공립학교의 학생 대 교사 비율은 28:1이었지만, 사립학교는 그 절반에도 미치지 못하는 12:1에 불과했다. 우려스러운 것은 최근 몇 년 동안 영국의 공립학교와 사립학교의 격차가 줄어들기는커녕 오히려 더 커졌다는 사실이다. 주목할 점은 미국에서는 공립학교의 학생 대 교사 비율이 21:1인 반면 사립학교는 18:1이며, OECD 통계에 포함된 어떤 다른 국가도 사립학교와 공립학교의 교사 대 학생 비율 차이가 영국만큼 극명하지 않다는 사실이다.

   사립학교 교육이 주는 특권이 분명히 중요하며, 인생을 바꿀 만큼 커다란 영향을 미친다는 것은 명확하다. 서튼 트러스트의 또다른 통계에 따르면, 2020년 영국 내각 구성원의 65%가 사립학교 출신이었으며, 이는 전체 인구 중 단 7%만이 사립학교를 다녔다는 사실을 감안하면 매우 놀랄 만한 지점이다. 더 우려스러운 점은, 1721년 이후 영국의 총리 55명 중 3분의 1 이상인 20명이 한 학교, 즉 이튼 스쿨에서 교육을 받았다는 사실이다. 서튼 트러스트의 연구는 사립학교 출신들이 미디어, 이사회, 그리고 다른 영향력 있는 자리를 지나치게 많이 차지하고 있음을 밝혔으며, 이러한 현상은 영국사회 곳곳에서 나타난다. 2019년, 서튼 트러스트는 "영국 전역에서 사회 이동성은 매우 낮고 이는 전혀 개선되지 않고 있으며, 국가의 많은 영역에서 기회를 박탈하고 있다"고 결론내렸다.

   학교 시스템이 사회적 이동성을 촉진하기보다는, 오히려 기존의 특권을 공고히 하고 그 효과를 강화하여 불평등을 재생산하거나 심화시키는 역할을 하고 있다. 이 문제는 명문대 입학이나 최상위 직업에의 접근뿐만 아니라 교육 전반에 걸쳐 존재한다. 무엇이 이러한 격차를 발생시키는 것일까? 이는 단순히 학교마다 제공하는 교육의 질적 차이만으로는 설명할 수 없을 것이다. 이 질문에 대한 대표적인 답변 중 하나를 제시한 사람은 사회학자 바질 번스타인Basil Bernard Bernstein, 1924~2000이다. 그는 학교와 가정의 문화 차이, 특히 이 두 공간에서 사용되는 언어 유형의 차이가 미치는 영향에 대해 흥미로운 통찰을 제시했다.

그는 아이들의 사회적 계층이 그 구성원들에게 서로 다른 언어 사용 방식을 요구한다고 제안하였다. 다시 말해, 아이들이 속한 사회 계층에 따라 그들이 사용하는 언어가 다르다는 것이다. 번스타인은 '코드code'라고 부르는 두 가지 기본적인 언어 유형을 제시하는데, 우리는 이 언어코드들을 통해 삶을 헤쳐 나간다고 설명했다. 첫번째는 공식적인 세계, 특히 학교에서 사용되는 '정교한' 또는 '고급' 언어코드이다. 두번째는 일상생활에서 친구와 가족 간의 대화에서 사용되는 '제한된' 언어코드이다. 제한된 언어코드는 화자들 간에 이미 암묵적으로 공유된 배경 지식이 있을 때 사용된다. 이 코드는 짧고 간결한 표현을 사용하며, 말로 다 설명하지 않아도 서로의 의도를 이해할 수 있게 해준다.

반면에, 정교한 언어코드는 모든 것이 명확하게 설명된다. 이 언어코드는 더 긴 문장을 사용하고, 구조가 더 복잡하며, 더 특수한 단어들을 포함한다. 학교에서는 대부분의 의사소통이 이 정교한 언어코드의 형식을 따른다. 수업뿐만 아니라, 무엇을 해야 하는지, 어떻게 행동해야 하는지, 어디로 가야 하는지에 대한 지시도 정교한 언어코드를 통해 이루어진다.

번스타인에 따르면, 노동자 계층 아이들의 문제는 그들이 정교한 언어코드를 경험한 적이 거의 없다는 데서 발생한다. 그 결과 그 아이들이 학교에 입학하면 그곳에서 일어나는 많은 것들로부터 즉시 소외된다. 그들은 교사들이 무엇을 말하는지 문자 그대로 이해하지 못한다. 반면 중산층 아이들은 두 가지 코드에 모두 익숙하여 상황에 따라 자유롭게 전환할 수 있다. 그렇다면 노동자 계층의 아이들은 이 상황에서 어떻게 할까? 그들은 정교한 언어코드를 습득할 수도 있고, 그렇게 된다면 모든 것이 순조로워진다. 그들은 그 습득을 통해 혜택을 누릴 수 있다. 그러나 많은 경우에 그들은 단순히 학교 수업에 흥미를 잃고 위축되거나, 참여하지 않거나 반항적인 태도를 보인다. 학교에서 아이들이 아무리 침묵으로 일관하더라도 그 필연적인 결과는 학교에서의 현저히 낮은 학업 성취도로 나타나며, 이들은 기본 과목에서도 숙련되지 못한 57%에 속하게 된다.

번스타인이 노동자 계층 아이들의 지속적으로 저조한 학업성취를 주로 학교에서 사용하는 언어에 귀속시킨 반면, 프랑스의 사회학자 피에르 부르디외Pierre Bourdieu, 1930~2002는 이 문제를 좀더 광범위한 요인들로 설명하였다. 부르디외는 분명 학교에서 사용하는 언어로 인해 노동자 계층 아이들이 겪는 어려움을 이해하였지만, 그 어려움을 더 넓은 맥락에서 파악하였다. 그는 세대를 걸쳐 지속되는 사회 이동성의 축소 상황을 조사하면서, 문제의 원인을 학습된 습관과 관행에서 찾았다. 이 습관과 관행은 은밀하고 무의식적인 방식으로 이루어지는 선별, 분리, 편애를 통해 학생들을 걸러내고 분류한다. 그리하여 학생들이 더 높은 교육 수준으로 나아가며 사회적 위치를 향상시키는 과정인 교육의 사다리에서 상승과 하강을 용이하게 하거나 방해한다고 보았다. 기존의 교육 시스템은 명시적이고 암묵적인 선별 시스템을 통해 문화적으로 학습된 특정한 습관과 관행에 큰 비중을 둔다. 이는 일부 아이들에게 유리하게 작용하는 반면, 많은 다른 아이들에게는 불리하게 작용한다. 부르디외는 이러한 문화적 관습이 기존의 이점과 불이익을 지속적으로 '재생산'하는 데 중요한 역할을 한다고 보았다.

프랑스의 학교와 대학을 상세히 연구한 끝에, 부르디외는 '상징적 자본'이라는 개념을 제시하였다. 이는 실제 자본인 돈이 아니라 개인의 후천적인 배경을 통해 획득한 자본을 의미한다. 그는 '문화 자본'과 '사회 자본'이라는 새로운 개념을 만들어, 행동과 언어에 관한 일련의 습득된 성향을 설명하였다. 이러한 성향들이 모여 그가 '아비투스habitus'라고 부르는 것을 형성하는데, 이는 올바른 사고방식, 글쓰기나 예술 혹은 음악에 대한 올바른 태도, 그리고 누구와 대화하고 어울려야 하는지를 직관적으로 아는 '감각'을 의미한다.

사람은 버릇, 의견, 취향, 억양, 심지어 특정한 말투와 몸짓을 통해 자신의 문화자본을 드러낸다. 이러한 요소들은 마치 어머니의 젖을 먹듯이 자연스럽게 습득된다. 적절한 아비투스를 갖추면 학교나 그 어떤 상황에서도 편안함을 느끼며, 심지어 이를 당연한 권리로 여긴다. 이와 같은 아비투스에서 비롯된 집단적 정체성의 감각 덕분에, 직장이나 대학 면접에서의 적절한 행동 방식, 대학 지원서 작성시 제시해야 할 내용, 교사나 경찰관 또는 의사와의 대화 방법 등을 자연스럽게 알게 된다. 이를 통해 자신이 '우리 중 한 사람'임을 명확히 할 수 있다. 다시 말해, 자신이 특정 집단의 일원임을 자연스럽게 인식할 수 있다.

그는 학교가 특정 아비투스의 일부가 되도록 만드는 구조에 대해, 학교는 '문화 자본을 보존하고 확대하는 데 필요한 시간, 노력, 돈의 투자에 동의'하고 그 자본의 영향력을 동원할 준비가 되어 있다고 분석했다. 그러나 부르디외가 지적했듯이, 정반대의 아비투스도 존재한다. 노동 계층 아이들과 학부모가 갖는 '학교에 대한 부정적인 선입견'이다. 이들은 학교의 목적을 알지 못하고, 학교가 자신들에게 거의 또는 전혀 도움이 되지 않을 것이라고 생각한다.

아비투스의 전반적인 효과는 현상을 그대로 유지하는 것, 즉 기존 체제를 재생산하는 것이다. 부르디외가 그린 그림은 정치인들이 흔히 제시하는 그림과는 현저히 다르다. 정치인들은 사회가 모두에게 평등한 기회를 제공하며, 상황이 점진적으로 개선되고 있다고 묘사한다. 그러나 우리가 부르디외의 분석을 수용한다면, 학교의 교육 목표와 안내서에서 빈번히 언급되는 '포용성'에 대한 의례적인 주장들은 실효성이 전혀 없어 보인다. 학교는 포용성을 증진하고자 진취적으로 시도하고 있지만, 그 이면에는 훨씬 더 강력한 저항이 교묘하고도 은밀하게 작용하고 있으며, 이는 결국 사회 이동성을 지속적으로 저해하고 있다.

역학적 관점의 연구자들은 정량적 데이터와 통계적 분석을 통해 구체적인 인과관계를 밝히고자 했다. 이들은 부르디외가 사회학적 관점에서 사회적 구조와 문화적 관행에 초점을 맞춘 것과 달리, 더 직접적이고 측정 가능한 요인들의 영향을 보여주었다. 그들의 연구에 따르면, 학교 내에서 학생들 간의 가계 소득 격차가 클수록, 학생들은 행동 적응에서부터 문해력, 수학 성취도에 이르기까지 다양한 영역에서 더 저조한 성과를 보였다. 역학자이자 의사인 마이클 마모트 경은 이를 다음과 같이 설명하였다. "교육 성과의 불평등은 건강의 불평등만큼이나 지속적이며, 유사한 사회적 기울기를 따른다. 즉, 소득이나 사회적 지위와 같은 사회적 계층에 따라 교육 성과가 비례한다. 교육 기회를 평등하게 하려는 수십 년간의 정책에도 불구하고 성취도의 격차는 여전히 존재한다."

마모트가 언급하는 불평등은 주로 가계 소득 차이에서 비롯된다. 학교가 이러한 차이로 인한 결과를 개선하고 완화시키기를 기대할 수도 있겠지만, 증거는 그 반대의 경우가 빈번히 발생함을 보여준다. 다시 말해, 학교는 오히려 기존의 차이를 증폭시킬 수도 있다는 것이다. 캐나다의 역학자 더그 윌름스는 불평등에서 비롯된 불이익이 학생들을 능력에 따라 분류하거나 집단을 나누는 과정에서 어떻게 심화될 수 있는지를 보여주었다. 이러한 분리가 학교 내 학급 간이든 또는 학교 간에 이루어지든, 불리한 배경을 가진 학생들은 현저히 더 낮은 성취를 보였다.

교육 기관 '내부와' 국가 '내부에서' 발생하는 이러한 불평등도 매우 중요한 문제이지만, 국가 간 불평등과 비교하면 그 차이는 미미한 수준이다. 간단한 통계만으로도 국제적으로 교육 접근성에 충격적인 격차가 있음을 확인할 수 있으며, 이는 성인 문해력 수준에서도 큰 차이를 보인다. 특히 지구 남반구에 위치한 저소득 국가의 사람들은 적절한 문해력 수준에 도달할 가능성이 현저히 낮다. 세계은행 통계에 따르면, 고소득 국가들은 일반적으로 성인 문해율이 거의 100%에 이르지만, 사하라 이남 아프리카 국가들은 훨씬 낮은 수치를 보인다. 예를 들어, 2018년 기준으로 서아프리카에 위치한 니제르Niger의 성인 문해율은 겨우 31%에 불과했다.

그리고 전체적인 수치는 성별 간의 심각한 차이를 은폐하고 있다. 여학생들은 남학생들보다 교육에서 완전히 배제될 가능성이 여전히 훨씬 더 높다. 세계은행에 따르면, 1억 3천만 명의 소녀들이 전혀 학교 교육을 받지 못하고 있다. 여기에는 기본적인 불공정성 문제를 넘어 훨씬 더 큰 사회적 의미가 담겨 있다. 유행병 연구자 존 콜드웰John Caldwell은 여성 교육의 결정적인 중요성을 보여주는 사례 연구를 통해 이 사실을 밝혀냈다. 그는 저소득 국가와 지역의 다양한 복지 지표를 조사한 결과, 대부분이 건강, 영유아 사망률, 기대수명에서 고소득 국가보다 현저히 낮은 수치를 보였지만, 일부 지역은 예외적으로 기대를 뛰어넘는 결과를 보였다. 가장 주목할 만한 곳은 인도의 케랄라Kerala주로, 이 주는 극도로 낮은 소득 수준에도 불구하고 건강, 복지, 행복 지표에서 고소득 국가들과 유사한 수준을 보였다. 콜드웰은 그 원인을 분석한 끝에, 케랄라 주의 뛰어난 복지 성과가 이례적으로 높은 여성 교육 수준 덕분이라고 결론지었다. 여성의 교육 수준이 높아질수록 기대수명이 증가하고, 영유아 사망률이 감소하는 것으로 나타난 것이다.

콜드웰의 결론은 여성 교육이 중요한 이유가 교육의 결과로 단순히 여성이 영유아의 영양과 발달에 대해 더 많이 알게 될 뿐만이 아니라, 여성들이 사회에서 가치를 인정받고 포용되기 때문이라는 것이다. 이는 구체적으로 눈에 보이지는 않지만 매우 중요한 지적이다. 교육의 제공은 두 가지 차원에서 의미 있는 작용을 하는 것으로 보인다. 첫째는 개개인에게 지식을 제공하는 것이고, 둘째는 한때 소외된 집단에 대한 사회적 인정과 그들의 참여 및 포용을 지지하는 상징적 의미를 지닌다. 다시 말해, 교육을 받음으로써 개인의 사회적 지위, 소속감, 자기 효능감이 향상되는 것이다.

오랫동안 교육자들은 학생들 간의 학업 성취 격차 문제를 '보상적' 또는 '치료적' 교육의 틀에서 접근해 왔다. 이는 대개 아이들의 문화에 어떤 결핍이 있거나, 정서적 특성에 문제가 있어 이를 보완하거나 교정해야 한다는 전제에 기반한 것이었다. 이러한 접근은 암묵적으로 문제의 원인을 학생 개인, 그들의 문화적 배경, 혹은 심리적 특성에 돌리는 결과를 낳았다. 정책 입안자들과 학교 관리자들은 학교에 잘 적응하지 못하는 아이들을 볼 때, 학교 제도나 교육과정의 본질을 성찰하기보다는 이들을 '정서적으로 문제가 있는' 또는 '특수한' 학생으로 간주하는 경향이 있었다. 그러나 이러한 태도는 일부 청소년에게 학교가 마치 다른 행성처럼 낯설고 이질적인 공간일 수 있다는 사실을 외면하게 만들었다.

해결의 실마리는 아마도 학교의 본질을 다시 들여다보는 데 있을 것이다. 이 책의 마지막 장에서는 이러한 성찰을 깊이 있게 수행한 몇몇 인물들의 견해를 살펴볼 것이다. 그에 앞서 제6장에서는 교육과정을 보다 면밀히 고찰하고자 한다. 교육과정은 아이들이 자라나는 지적 환경을 구성하는 데 핵심적인 역할을 한다. 최상의 경우, 이 지적 환경은 아이들에게 격려와 영감을 줄 수 있지만, 안타깝게도 많은 학생들에게는 학교가 낯설고 소외된 공간처럼 느껴질 수도 있다.

제 6 장

교육과정

1939년, 교육과정을 풍자한 글이 출판되었다. 이 작품은 미국의 교육자 해럴드 벤자민Harold Benjamin이 제이 애브너 페디웰J. Abner Peddiwell이라는 필명으로 저술한 『검치호랑이 교육과정 The Saber-Tooth Curriculum』으로, 교육과정의 고전이 되었다(그림 9 참조). 이 책은 가상의 신석기 시대 부족이 아이들에게 물고기 잡기, 곤봉으로 말 때려잡기, 검치호랑이 쫓아내기와 같은 기술을 가르치는 교육과정을 개발하는 과정을 묘사한다. 이 부족에게는 모든 일이 순조로웠으나, 빙하기가 도래하면서 환경이 변화하였다. 물고기는 점점 희소해지고 날렵해졌으며, 말과 호랑이는 완전히 사라졌다. 이에 따라 부족 구성원들은 새로운 환경에 적합한 기술들을 개발하였다. 예를 들어, 그물 만들기, 영양 쫓기, 곰 구덩이 파기 등이었다. 그러나 이러한 기술들이 개발되었음에도 불구하고, 학교 책임자들은 교육과정을 수정하여 이를 가르치자는 제안을 거부하였다. 그들은 "그것은 교육이 아니다"라고 주장하였다. 전통주의자들은 새로운 기술들은 단지 '훈련'일 뿐이라고 강조하였다.

9. 페디웰의 『검치호랑이 교육과정』의 발췌. 벤자민은 『검치호랑이 교육과정』에서 수많은 교육과정들이 학생들의 필요에 적합하지 않음을 강조하였다.

변화를 주장하는 이들은 격분하였다. "아니, 제기랄 … 상식 있는 사람이 이런 쓸모없는 일에 왜 신경을 쓰겠어? 이제 맨손으로는 물고기 잡는 게 불가능한데, 그걸 가르쳐서 뭐 하겠어?" 전통주의자들은 교육과정 논쟁에서 익숙한 대답을 제시하였다. "바보 같은 소리 하지 마. 우리가 물고기 잡는 법을 가르치는 건 진짜 물고기를 잡기 위해서가 아니야. 물고기 잡기를 통해서 단순한 훈련으로는 절대 키울 수 없는 종합적인 민첩성을 기르기 위해 가르치는 거야." 전통주의자들은 진정한 교육은 시대를 초월하며, 단단한 바위처럼 변화하는 상황 속에서도 지속된다는 논리로 급진주의자들을 제압하였다. 그들은 "영원한 진리가 존재하며, 검치호랑이 교육과정이 바로 그중 하나이다!"라고 주장하였다.

이는 매우 오래된 논쟁이다. 실제로 이 글을 쓰는 현재에도 런던에서 새로운 '자유학교'가 개교하고 있다. 영국 전역에서 지역사회의 요구에 맞춰 독자적인 교육과정을 설계·운영할 수 있는 자유학교들이 잇따라 개교하고 있다. TV 뉴스에서는 그 런던의 새로운 자유학교에서 아이들이 라틴어를 배우는 장면이 방영되고 있다. 학교 설립자들과 학부모들 모두 이것이 매우 훌륭한 아이디어라고 생각하는 듯하다. 라틴어 학습을 지지하는 논거는 검치호랑이 교육과정에 대해 전통주의자들이 제시한 주장과 매우 유사하다. 영원한 진리, 사고의 민첩성, 언어의 규칙 등이 그것이다.

위대한 수학자이자 철학자인 알프레드 노스 화이트헤드 Alfred North Whitehead, 1861~1947는 교육에 깊은 관심을 가졌다. 그는 이러한 현상을 목격하고, 쇠퇴하는 기술과 활동을 교육하는 것은 단지 쓸모없을 뿐만 아니라 해롭다고 탄식하였다. 『교육의 목표와 기타 에세이들』에서 화이트헤드는 다음과 같이 말하였다. "교육의 역사에서 가장 두드러진 현상은 한때 천재적인 열정으로 가득했던 학교들이 다음 세대에 가면 그저 학자적 허세와 틀에 박힌 교육만을 선보인다는 것이다."

라틴어 학습은 물론 여러 가지 장점이 있다. 그러나 라틴어 동사 변화 같은 복잡한 학습이 사고력 함양에 도움이 된다는 이유로 유용하다고 생각한다면, 이 통념을 반박할 몇 가지 증거가 있다. 학습과 교육에 관한 많은 통념과 마찬가지로, 이 문제에 대해 의견을 내는 사람들 대부분이 아직 열어보지 않은 보물상자 같은 증거들이 존재한다. 그 보물상자를 열어보면, 100년 전의 심리학자들이 '훈련의 전이'라고 불렀던, 다소 어색하고 적절하지 않은 개념에 지금보다 더 많은 관심을 갖고 있었다는 사실을 알 수 있다. 그러나 오늘날 이 문제는 어느 정도 해결된 것으로 간주되고 있다.

빅토리아 시대의 심리학자이자 소설가 헨리 제임스의 형인 윌리엄 제임스William James, 1842~1910는 기억력 훈련을 통해 자신의 '기억 근육'을 강화하려 했으나 결국 실패하였다. 이후, 기술 X를 학습하면 기술 Y의 능력도 향상된다는 주장을 뒷받침할 만한 증거는 여전히 발견되지 않고 있다. 이런 주장을 뒷받침할 증거가 없음에도, 어떤 이유에서인지 우리는 여전히 복잡한 퍼즐을 풀거나 복잡한 언어를 배우면 사고력 함양에 도움이 된다고 믿고 있다. 이는 널리 퍼진 오류 중 하나로, 이를 반박하는 증거에도 불구하고 그 믿음은 좀처럼 깨지지 않고 있다.

기능이 전이되지 않는 다는 것을 보여주는 대표적 사례로 체스를 들 수 있다. 체스는 심리학자들이 가장 많이 연구한 기능 중 하나이다. 왜냐하면 체스에는 아이디어를 순서대로 배열하고, 기억을 활용하며, 상황을 예측하는 능력이 요구되므로, 신경세포를 그 어느 때보다 활성화시켜야 하기 때문이다. 만일 이러한 능력들이 전이된다면, 최상급 체스 선수들은 그들이 하는 수많은 연습 덕분에 탁월한 문제 해결사가 되어야 한다. 그러나 실제로는 그렇지 않다. 그들은 우리와 다를 바 없다. 최상급 체스 선수들이 탁월한 능력을 보이는 영역은 오직 체스뿐이다. 그들이 체스 외에 다른 활동을 거의 하지 않는다는 사실은, 다른 영역에서는 그들도 그다지 능숙하지 않다는 것을 의미한다. 이 사례가 제시하는 교훈은 무엇일까? 연습한 영역에서만 능숙해질 뿐, 연습하지 않은 영역에서는 능숙해지지 않는다는 점이다.

비밀의 정원

무엇을 가르쳐야 하는지, 즉 교육과정의 내용에 대한 아이디어는 어디에서 오는가? 정치인들 사이에 널리 퍼진 통념은 교육과정의 기원은 언제나 불분명했으며, 대부분 급진적 성향을 지닌 교사들의 음모에 의해 밀실에서 조작되었다는 것이다. 실제로 1960년 영국의 교육부 장관 데이비드 에클스는 교육과정을 '비밀의 정원'이라고 불렀다. 이는 일종의 상투어가 되어 1979년 러스킨 칼리지 연설에서 교육에 관한 '대논쟁'을 시작한 영국 총리 제임스 캘러헌에 의해 되풀이되었다. 정치인들 사이에서 교육과정은 철저하게 교사와 교육 전문가들에게만 속한 영역이며, 정치인이나 대중의 상식이 결코 침범해서는 안 되는 영역이라는 인식이 일반적으로 받아들여져 왔다. 바로 이러한 인식이 1980년대 영국을 비롯한 여러 유럽 국가들에서 국가 교육과정을 도입한 계기가 되었다.

영국의 국가 교육과정은 아카데미 학교를 제외하고, 모든 지방자치단체가 운영하는 학교에서 반드시 가르쳐야 한다. 이 국가교육과정은 현재 중등 교육 단계에서 법적으로 규정된 12개 과목으로 구성되어 있다. 그 과목들은 미술 및 디자인, 시민교육, 디자인과 기술, 영어, 지리, 역사, 정보통신기술, 수학, 현대 외국어, 음악, 체육, 과학이다. 이들 중 대부분은 초등학교에서도 필수 과목이다.

최근 미국에서도 이와 유사하게 교육과정의 통일성을 강화하려는 움직임이 있었다. 2010년에 도입된 '공통 핵심 주 교육과정 표준 계획'은 각 주의 다양한 교육과정을 하나로 통합하기 위해, 학생들이 각 학년 말에 영어와 수학에서 도달해야 할 성취도를 상세히 규정했다. 미국의 50개 주 중 거의 대부분이 이 계획에 동참했다. 이 계획에 따라 각 주의 교육과정 중 최소 85%가 이 표준 교육과정을 기반으로 하며, 학생들의 성취도를 측정하는 시험 제도도 함께 도입되었다. 그러나 이 시험제도는 명목상으로는 학생 성취도를 평가하기 위한 것이지만, 실제로는 교사와 학교의 성취도를 함께 측정한다는 점에서 중요한 의미를 가진다.

교육과정을 관리하기 위해 실시되는 정부의 이 모든 활동은 교육과정이 '비밀의 정원'에서 만들어진다는 전제 및 그 과정에서 교사가 차지하는 지배적 역할에 대한 불신에서 비롯되었다. 그러나 오랜 세월에 걸쳐 확립된 교육과정을 살펴보면, 교육자들이 사회공학적 목적을 위해 비밀리에 공모하여 교육과정을 고안하고 조작해 왔다는 증거는 거의 없다. 진실은 훨씬 더 단순하다. 사실 교육과정은 오랫동안 현재의 형태와 크게 다르지 않은 모습으로 존재해 왔으며, 이는 주로 관습과 전통의 산물이었다.

사실 오늘날의 필수 과목들은 1904년 영국의 중등학교 규정에 포함된 과목들과 크게 다르지 않다. 이 규정은 교육과정에 포함되어야 할 과목들을 공식적으로 명시했다. 이는 산술, 대수학, 남학생을 위한 그림 그리기, 여학생을 위한 바느질, 영어, 프랑스어, 지리, 역사, 체육, 과학, 그리고 노래 부르기였다.

게다가 이 과목들은 약간 확장되긴 했지만, 아리스토텔레스가 『정치학』에서 언급한 과목들과도 크게 다르지 않다. "아이들에게 가르치는 과목은 대략 네 가지이다. 읽기와 쓰기, 체육, 음악, 그리고 항상 포함되는 것은 아니지만 그림 그리기가 그것이다." 왜 이러한 과목들이 전 세계 교육 시스템에서 끊임없이 유지되며, 새로운 시대의 요구나 변화에 맞추어 쉽게 바뀌지 않는 것일까? 과연 교육자들이 이러한 열 개 남짓한 과목에 좋은 교육의 핵심 요소들을 성공적으로 집약해 낸 것일까?

변하지 않는 교육과정

이 문제에 대해 보다 폭넓은 사고를 하려면, 시간과 공간을 초월하여 전 세계의 교육과정을 좀더 광범위하게 살펴볼 필요가 있다. 그렇게 하면, 고대의 교육과정에는 우리에게 익숙한 주제와 익숙하지 않은 주제가 혼합되어 있었음을 알 수 있다. 예를 들어, 중국의 고대 교육에서 공자는 인仁과 의義와 같은 도덕적 가치를 통해 인격을 발전시키는 과정의 일환으로 예의범절을 공부해야 한다고 하였다.

고대 그리스인들은 천문학, 산술, 기하학, 음악으로 구성된 '조화학'을 중심으로 폭넓은 교육과정을 구성하였다. 조화학은 우주와 인간의 조화로운 질서를 이해하고자 수학적 비율을 연구하는 학문으로, 특히 음악에서 그 원리를 찾아내었다. 로마인들은 유달리 수사학을 중시하였다. 이들 각각은 중세의 교육과정인 '3학(문법, 논리학, 수사학)'과 '4과(산술, 천문학, 기하학, 음악)'에 영향을 미쳤다. 비교적 최근까지도 학교에서는 라틴어 학습이 교육과정의 상당한 비중을 차지하였다. 셰익스피어가 태어난 해인 1564년, 험프리 길버트 경은 라틴어를 지나치게 강조하는 학교 교육에 대한 불만에 대응하여 새로운 유형의 학교 설립을 계획하였다. 학부모들은 자녀들이 모국어 사용법을 잊어버리고 있다고 불평하였다. 이에 그는 영어와 당시의 주요 외국어, 시민 정책, 수학, 천문학, 항해학, 의학에 중점을 둔 새로운 실용 학교, 즉 아카데미학교 설립 계획을 제시하였다.

고대의 교육과정 중 몇 가지 과목들은 현대인들에게 익숙하지는 않지만, 오늘날 우리의 교육과정에 충분히 통합을 고려할만하다. 로마인들이 사랑했던 '수사학'은 구어 사용에 중점을 두었기 때문에, 구어의 사용에 크게 의존하는 현대 사회에서 다시 주목받기에 가장 적합한 후보이다. 최근 내가 버밍엄 버스를 타고 여행하면서 경험한 바에 따르면, 공자의 '예절' 역시 오늘날에 적합한 교육내용이 될 수 있다.

날카로운 교육적 통찰을 보여준 미국의 평론가 닐 포스트먼은 '3A'를 중심으로 한 교육과정을 강력하게 제안하였다. 이는 전통적인 '3R(읽기, 쓰기, 산술)'과는 구별되는 개념으로, 천문학astronomy, 고고학archaeology, 인류학anthropology을 포함한다. 그리스인들이 즐겨 배우던 천문학은 젊은이들에게 경외심, 상호의존성, 그리고 전 지구적 책임감을 함양시킬 수 있다. 고고학과 인류학은 과거 인류의 사상, 문화적 유산, 철학적 개념뿐만 아니라 인류의 시련과 고난, 슬픔과 행복 등 시대를 초월한 특성을 이해하게 해준다. 이러한 학문들은 시간을 넘어 우리가 타인과 어떻게 연결되어 있는지를 깨닫게 하므로 교육과정에 포함되어야 한다. 수메르인, 바빌로니아인, 이집트인, 중국인 등 고대 문명의 문학과 예술에서 이러한 연결성을 발견할 수 있다. 그들 모두가 오늘날 우리가 그랬듯이 '불평하고, 슬퍼하고, 기뻐하고 … 자녀들을 꾸짖었으

며, 전쟁에서 전사했다.'

가이 클랙스턴Guy Claxton, 1947~은 『학교의 의미는 무엇인가?What's the Point of School?』에서 대안적 교육과정에 대해 설득력 있는 주장을 펼친다. 그는 교과 중심의 교육과정을 지양하고, 오늘날의 교육과정이 과목보다는 품성과 사고력 함양에 기반을 두는 것이 더 유익하다고 제안한다. 그는 통계와 확률, 위험 관리, 인권, 생태학, 세계 인식, 윤리, 신체 인식과 같은 주제들과 공감, 협상 능력, 협력, 비판적 사고, 의지력, 일과 휴식의 균형 잡힌 생활 관리와 같은 '자질'에 중점을 두어야 한다고 주장한다. 이와 유사하게, 영국의 교육자이자 런던 교육위원을 역임한 팀 브릭하우스 경Tim Brighouse, 1940~2023도 오늘날의 교육과정이 목적에 부합하지 않는다고 주장하며, 클랙스턴의 제안만큼이나 급진적인 변화를 제안하였다. 그는 수리력과 문해력에 지나치게 중점을 두는 교육에서 벗어나 고급 IT 기술, 분석적 사고, 학제 간 문제 해결, 팀워크, 그리고 다양한 문화적 배경을 가진 사람들과의 시민적 교류와 상호작용에 더 많은 비중을 두어야 한다고 제안하였다.

어떤 방향을 선택하든, 21세기 교육은 본질적으로 중세 대학의 3학과 4과에 기반을 둔 현재의 교육과정에서 탈피해야 한다는 점은 분명하다. 이러한 변화에 따라 교육의 강조점이 이동하게 되면, 학교가 제공할 수 있는 잠재적 가치와 실용성이 학교 구성원들에게 더욱 분명히 드러날 것이다.

그러나 20세기 교육철학자 마이클 오크쇼트Michael Oakeshott, 1901~1990의 견해에 따르면, 오늘날 비평가들이 주장하는 도구적 기반의 교육과정은 옳지 않은 것으로 간주된다. 오크쇼트에게 역사, 수학, 과학 같은 교과들은 세계를 이해하고 해석하는 방식을 제공하며, 다음 세대에게 반드시 물려줘야 할 소중한 유산이다. 이 교과목들은 새로운 세대에게 세계에 대한 다양한 경험과 이야기, 세계를 이해하는 모델 및 분석의 틀이라는 소중한 보물을 물려준다고 강조하였다. 이를 통해 학습자들은 세계를 이해하고 상상하는 방식을 발견한다. 오크쇼트는 새로운 세대의 학습자들이 기존의 지식과 사고방식을 배우고 그 세계에 입문하도록 돕는 것이 교사의 역할이라고 제안하였다. 교육과정에는 그것 외에 어떤 다른 목적도 존재하지 않는다고 주장하였다.

톱니바퀴 이론과 나선형 교육과정

교육과정은 단순히 내용에 관한 것이 아니다. 영국의 교육학자 로런스 스텐하우스Lawrence Stenhouse, 1926~1982는 교육과정을 상호 연관된 톱니바퀴들의 체계로 보아야 한다고 제안하였다. 그 톱니바퀴들에는 교사가 수행해야 할 활동, 교과 내용, 일반화된 행동 패턴, 이해가 있다. 그가 강조한 핵심은, 교육과정이 단순히 전달할 지식에 관한 것이 아니라, 교사가 그 지식을 다루고 심화시키는 방식을 통해 학습자의 이해를 촉진하는 과정으로 보아야 한다는 점이다. 교과 내용, 즉 지식 그 자체도 물론 중요하지만, 그것이 사고력 함양을 위한 기회를 제공한다는 점에서 더 큰 의미를 지닌다는 것이다. 스텐하우스는 지식을 교육과정에서 사고력 함양을 위한 원재료로 보아야 한다고 주장하였다.

스텐하우스의 주장은 오늘날의 교육현실에 더욱 설득력을 지닌다. 순수하고 단순한 지식, 즉 '사실이나 정보'를 인터넷 검색으로 쉽게 찾을 수 있기 때문이다. 인터넷 등장 이전에는 지식을 마치 숨겨진 보물처럼 여겼다. 지금은 몇 초 만에 찾을 수 있는 정보를 얻는 데 과거에는 며칠이나 몇 주가 걸렸을 것이다. 따라서 머릿속에 더 많은 지식을 저장할수록 삶에 더 잘 대비할 수 있었다. 그러나 인터넷은 불과 20~30년 만에 지식의 세계를 완전히 변화시켰다. 우리는 아직 교육과정에 대한 이해나 접근 방식에서 이러한 변화를 충분히 반영하지 못하고 있다(그림 10 참조).

10. 지식의 세계가 송두리째 뒤바뀌었다. 우리는 그 파급 효과를 제대로 고민해 보았는가?

스텐하우스는 교육과정의 내용이 그 개발자와 사용자를 현혹시킬 수 있다고 주장하였다. 그들이 교육과정의 세부적이고 기계적인 구성 요소들에 지나치게 집중하게 되면 문제가 발생한다는 것이다. 즉 교육과정의 순서, 형식, 절차적 요구사항, 표준화된 평가 방법과 같은 외형적이고 형식적인 측면에만 치중하고, 세부 내용들이 어떻게 활용되는지에 대한 관심이 부족할 경우, 교사를 멘토가 아닌 기계정비공으로 만들 수 있다는 것이다. 이러한 관점에서는 교육의 목표가 불가피하게 '학생의 이해'보다는 '교육과정의 순서, 구조, 습득 과정' 등과 같은 구성 요소에 집중된다. 따라서 교육을 시행한 후에 이루어지는 평가도 기계화되어, 학습된 사실과 자료의 범위를 평가하는 데 초점을 맞추게 된다. 정작 학생들이 그 내용을 이해하였는지, 통찰력을 얻었는지, 혹은 새로운 인식을 발전시켰는지에 대해서는 거의 주목하지 않게 된다.

이러한 맥락에서 제롬 브루너는 정부나 자문위원회와 같은 외부 기관이 교육과정 처방을 통해 '교사의 역할을 무력화하거나 배제할 수 있다'고 생각하는 것은 '터무니없다'고 주장한다. 왜냐하면 교사와 학생 간의 활발한 상호작용과 성찰이 없이는, 즉 교사와 학생 사이의 관계를 토대로 한 상호적 소통이 없으면 이해가 거의 일어나지 않으며, 결국 교육도 제대로 이루어질 수 없기 때문이다.

브루너의 지적은 교육내용이 무의미하거나 무관하다는 말이 아니다. 그렇게 되면 오히려 내용에만 지나치게 초점을 맞추게 되며, 교육과정의 '무엇'뿐만 아니라 '어떻게'에 대해서도 더 많은 고민이 필요하다는 점을 지적한 것이다. 특히 브루너는 교사들이 학생의 '준비도'의 중요성을 재평가할 필요가 있다고 주장하였다. 일부 교사 교육자들은 아이들이 고정된 발달 단계를 거치며, 그 발달 단계가 사고 능력과 준비도를 나타낸다고 제안한 장 피아제의 이론에 집착해 왔다. 이 이론에 따르면, 아이들은 정해진 발달단계를 건너뛸 수 없으며, 더 높은 인지적 수준에서 주어진 과제를 처리할 수 없게 된다. 그러나 브루너는 다양한 심리학적 모델을 바탕으로 이 생각이 잘못되었다고 주장하였다. 그는 아이들이 어떤 아이디어라도 거의 이해할 수 있다는 논란의 여지가 있는 주장을 펼쳤다. 아이들은 항상 학습할 준비가 되어 있으며, 교사의 역할은 인지 발달에 대한 정해진 공식을 맹목적으로 따르는 것이 아니라, 적절한 시기에 아이들의 경험과 공감을 활용하여 학습 자료를 가르쳐야 한다는 것이다. 이러한 맥락에서 그는 '나선형 교육과정'을 논의하였다. "어디서 시작해야 하는가? 학습자가 있는 곳에서 시작해야 한다"(서문, ix쪽)고 브루너는 말하였다. 주제는 한 번 가르친 뒤 정기적으로 반복해 다루어지며, 다루어질 때마다 매번 이해가 깊어진다는 것이었다.

브루너의 나선형 교육과정 모델에서 중요한 점은 교육과정을 구성하는 방식이 '양자택일'의 문제가 아니라는 것이다. 즉, 교육과정의 문제는 교과 지식이나 프로젝트 작업을 통한 상상력 개발 중 하나를 선택해야 하는 문제가 아니다. 오히려 학습자가 유용하고 의미 있는 학습을 할 수 있도록 정보 형태와 학습 방식을 통합하는 것이 핵심이다.

잠재적 교육과정

교육과정은 크게 공식적 교육과정과 잠재적 교육과정으로 나눌 수 있다. 공식적 교육과정은 학교에서 공식적으로 가르치는 교과목과 교육 목표를 의미하며, 교과서와 수업을 통해 학생들에게 전달된다. 반면, 잠재적 교육과정은 공식적 교육과정에서 의도하거나 계획하지 않았음에도, 학교의 운영 방식이나 교수학습과정이 조직되는 방식을 통해 학생들이 은연중에 습득하게 되는 신념과 가치 체계를 말한다. 이는 교사들의 행동, 선정된 교과서, 학교 규칙 등을 통해 형성된다. 예를 들어, 학교가 학생자치회 등의 운영을 통해 학생들에게 권한을 부여하는 방식은 사회에서 권력이 어떻게 분배되고 사용되는지에 대한 교사들의 견해를 학생들에게 전달할 수 있다. 또한 학생자치회의 임원 선출 방식도 중요하다. 교사에 의해 임명되는가, 아니면 학생들에 의해 선출되는가에 따라 학생들이 민주주의를 이해하는 방식이 달라질 수 있다. 이처럼 잠재적 교육과정은 다양한 방식으로 학생들에게 영향을 미치며, 다음과 같은 질문들을 제기할 수 있다. "학교의 고위직이 모두 백인 남성일 경우, 학생들은 성별과 권력에 대해 어떤 인식을 형성하게 되는가? 학교에서 사용되는 교과서들은 학생들이 스스로 사고하도록 촉진하는가, 아니면 단순히 사실과 수치만을 주입하는가? 교과서가 논쟁의 여지가 있는 문제들을 다룰 때, 학생들로 하여금 특정한 관점을 받아들이도록 유도하고 있는 것은 아닌가?"

최근까지 영국 학교에서 인기를 끌었던 엘리자베스 마셜 Henrietta Elizabeth Marshall, 1867~1941이 저술한 역사 교과서 『우리 섬 이야기*Our Island Story*』(1905)는 이러한 점을 잘 보여준다. 이 책은 영국의 역사를 야만에서 시작해 2천 년에 걸쳐 궁극적으로 문명과 조화를 이루는 이야기로 제시한다. 주로 군주들의 통치와 용감한 기사들의 무용담을 통해 이야기가 전개되면서, 독자들은 영국 역사에 대한 특정한 관점을 자연스럽게 받아들이게 된다. 이 책에서 사회사는 거의 다루어지지 않는다. 농민들의 삶, 노동, 죽음에 대한 언급은 전혀 없다. 이 책의 마지막 한 장의 제목은 '빅토리아 시대: 식인종에서 기독교인으로'이다. 이는 빅토리아여왕 시대에 이르러 영국이 문명의 절정, 즉 기독교 국가에 도달했다는 메시지를 담고 있다. 저자는 다음과 같이 표현하고 있다.

여러분은 우리 이야기의 시작부터 영국인들이 자유를 위해 어떻게 싸웠는지, 한 걸음 한 걸음 자유를 어떻게 쟁취해 왔는지 보았다. 마침내 영국인들은 정의로운 법 아래에서 살아가며, 그 법을 스스로 제정할 수 있는 권력을 가지게 되었다.

우리는 마셜이 '식인종에서 기독교인으로'라는 개념을 구성하면서, 『우리 섬 이야기』의 후반부에서 기독교 문명이 절정에 이르렀던 시기의 중요하지만 불명예스러운 몇몇 사건을 생략하고 있다는 점에 주목해야 한다. 예를 들어, 중국 황제가 아편을 금지할 대담함을 보인 후, 영국 여왕의 함대가 중국 해안을 폭격했던 아편전쟁1839~1860에 대한 언급은 전혀 없다.

그리고 『우리 섬 이야기』에서 노예제에 대한 간략한 논의가 다음과 같이 소개된다.

오랫동안 사람들은 아프리카인들을 그들의 고향에서 납치해 식민지로 팔아 노예로 만드는 것을 당연시했다. 이 행위는 너무나도 일상화되어 그것이 얼마나 사악하고 잔혹한지조차 인식하지 못했다.

여기서 잔혹함에 대한 언급이 있긴 하지만, 이런 식의 묘사는 마치 이 잔혹함이 본래 선량했던 영국인들이 저지른 안타까운 실수처럼 보이게 만든다. 납치자들은 마치 우연히 예의를 잠시 잃고, 거의 무의식적으로 아프리카인들을 그들의 거주지에서 강제로 끌어낸 '관행'에 빠져든 것처럼 묘사된다. 이 일시적인 일탈로 인해, 이 선량한 사람들이 포로들을 쇠사슬로 묶고 구타하는 잔혹한 행위의 심각성을 제대로 인식하지 못하게 된 것처럼 설명된다.

이런 책을 역사 교과서로 채택하면 제국주의적 관점, 인종적 우월감, 그리고 계층 구조의 고착화 등 특정 가치관과 문명에 대한 메시지를 전달하게 될 것이다. 그러나 21세기의 논평가들조차 이러한 책의 사용에 대해 의문을 제기하기보다는 오히려 박수를 보내고 있다는 점에 주목할 필요가 있다. 예를 들어, 〈데일리 텔레그래프〉의 교육 편집자는 "『우리 섬 이야기』는 오늘날 대부분의 초등학생들이 배우는 편파적이고 일관성 없는 역사 교육에 대한 훌륭한 해독제이다"라고 평가했다(2005년 6월 16일). 이러한 의견을 가진 것은 비단 〈텔레그래프〉 교육 편집자뿐만이 아니다. 저명한 역사학자 데이비드 캐너딘David Cannadine, 1950~과 그의 동료들이 『올바른 종류의 역사*The Right Kind of History*』에서 언급했듯, 많은 정치인들은 역사 교육과정이 '국가 영웅들의 승리의 행진'으로 구성되어야 한다고 믿고 있다.

노골적이고 의도적인 생략, 뻔뻔한 영웅주의로 구성된 이런 교육과정을 '잠재적 교육과정'이라고 부르는 것은 어쩌면 적절하지 않은 표현일지도 모른다. 이 교육과정은 유럽 중심의 세계관에서 자국의 우월성을 강조하는 메시지가 어린 학습자들에게 비판적 사고 없이 자연스럽게 주입된다는 점에서만 '잠재적'이라고 할 수 있다. 교육과정을 통해 자연스럽게 권위를 부여받으며 전달되는 이런 메시지는 교육사회학자 피에르 부르디외가 '독사doxa'라고 부른 개념과 일치한다. 부르디외에 따르면, 독사는 "자연 세계나 사회 세계가 자명한 것처럼 여겨지는 방식"을 의미한다. 즉, 독사는 사람들이 특정한 사회적 규범이나 질서를 비판적 검토를 거치지 않고 자연스럽게 받아들이게 되는 상태를 말하며, 그 결과로 기존 권력 구조나 사회적 편향성을 전혀 인식하지 못하게 된다. 이러한 맥락에서 대안적 관점은 그저 대안으로 취급될 뿐이며, 강력한 영향력을 가진 공식적 교육과정에 비해 신뢰성이 낮거나, 실천 가능성이 적은 이상적인 제안으로 여겨질 뿐이다.

필립 잭슨Philip Jackson은 그의 1968년 저서 『교실에서의 삶 *Life in Clssrooms*』에서 잠재적 교육과정 개념을 처음으로 체계적으로 소개하면서, 잠재적 교육과정은 암묵적이지만, 권위적인 메시지보다 훨씬 더 깊숙한 곳에 뿌리 내리고 있다고 주장하였다. 그것은 교실 안의 '군중, 칭찬, 권력'(33쪽)에 존재하며, 교실에서 살아가는 법을 배운다는 것은 곧 군중 속에서 살아가는 법을 배우는 것이며, 그에 수반되는 모든 것을 함께 익히는 것이다. 교사들은 군중을 통제하기 위해 보상과 제재를 활용하는데, 이는 잠재적 교육과정(학생이 군중, 혼란, 사소한 불공정에 어떻게 대처하는지)뿐 아니라 그 반대편에 있는 공식적 교육과정(학교의 학업적 요구 사항)과도 관련이 있다.

잭슨은 잠재적 교육과정과 공식적 교육과정에서 제공되는 보상이 주로 학교의 편의와 원활한 운영을 위한 것이라고 지적한다. 아이들은 창의성보다는 복종, 유순함, 획일적이고 순응적 사고에 대해 보상을 받는다. 잭슨은 "과연 이러한 특성이 우리가 젊은 세대에게 장려하고자 하는 것인가?"라고 문제를 제기한다. 어쩌면 그럴지도 모른다. 에버렛 라이머Everett Reimer는 그의 고전적인 반反-학교 저서, 『학교는 죽었다School Is Dead』에서, 오스만제국이 고위 공무원 후보자들을 더 순종적이고 온순하게 만들기 위해 거세를 실시했듯이, "학교는 무의식적 수준에서 더 효과적으로 이 일을 처리함으로써 물리적 거세를 불필요하게 만든다"(18쪽)고 주장한다.

시험이 교육과정을 좌우할 수 있다

오늘날 성과주의 문화에서 교육과정을 단순히 전달해야 할 지식으로 강조하면 교수 활동이 심각하게 왜곡될 수 있다. 그렇게 되면, 책무성과 시험은 일종의 공생 관계를 형성하며, 교육과정을 구성하는 지식의 집합은 평가에 용이한 작은 단위로 더욱 세분화될 것이다. 교육과정을 '전달'해야 할 고정된 정보로 간주하는 관점은 이해력의 발달을 중시하는 교육과정의 관점과는 대조적이며, 책무성과 시험의 공생 관계에 완벽히 부합한다. 실제로 공식 문서에서 '교육과정'과 '전달'이라는 용어가 자주 결합되어 사용되는 것은 많은 정책 입안자들이 학교와 교사의 역할을 어떻게 인식하고 있는지를 잘 보여준다. 그들에게 교사와 교육과정의 관계는 마치 우체국과 소포의 관계와 같다.

찰스 디킨스의 『어려운 시절』에 등장하는 교사 그래드그라인드는 "자, 내가 원하는 것은 사실이오"라고 말했다. 앞서 2장에서 언급했듯, 그는 오직 사실의 전달만이 교육이라고 생각하는 교육자였다. 그래드그라인드와 같은 교사들 그리고 성과 중심주의에 빠진 정책 입안자들에게 '사실'의 장점은 학생들이 사실을 얼마나 잘 기억하고 있는지 쉽게 평가할 수 있다는 것이다. 그러나 학생들의 이해도를 분류하고 측정하는 것은 사실에 대한 기억력을 측정하는 것처럼 단순하지 않다. 예를 들어, 지구 온난화의 원인에 대한 객관식 문항을 출제하고 채점하는 것이 같은 주제의 논술형 문항을 출제하고 채점하는 것보다 훨씬 용이하다. 논술형 평가는 학생들의 논증, 분석, 비판, 지적 통합 능력을 평가하며, 실제로 이러한 사고 과정을 촉진한다. 반면 객관식 평가는 단순히 사실의 암기만을 측정한다. 문제는 이러한 평가의 용이성 자체가 교육과정 구성과 교수 활동에 영향을 미친다는 점이다. 결과적으로 이해라는 말보다 평가라는 수레가 앞에 놓이게 되는 것이다.

이러한 문제의 해악은 정책 입안자들이 평가 결과에 과도한 중요성을 부여함으로써 더욱 증폭된다. 학교 재정이나 교사의 고용 안정성이 시험 결과에 좌우되는 상황이라면, '시험을 위한 교육'을 지양하고 평가 체계가 요구하는 '기준'에 쉽게 부합하지 않는 교육 방식을 고수하는 것은 상당한 의지와 결단력을 필요로 한다. 결과적으로 명확한 결론에 도달하지 못할 수도 있는 학생들과의 활발한 토론보다는 암기용 사실 목록이 더 매력적인 선택지가 된다. 이러한 체제하에서는 '교육받은 지성'의 핵심 요소들, 즉 '불확실성에 대한 존중, 다양한 의견의 수용, 지식의 잠정성에 대한 인식'이 점차 묻혀버리게 된다.

20세기 말과 21세기 초 수십 년 동안 시험의 급증이 초래한 가장 중요한 결과 중 하나는 평가가 교육과정을 좌우하게 된 경향이다. 마치 거대한 자석처럼, 평가는 교육과정을 끌어당긴다. 물론, 시험의 필요성을 인정한다 하더라도, 이 관계는 반대로 되어야 한다. 교육과정은 시험과 관련된 어떠한 고려에서도 독립적이어야 하며, 시험은 실제로든 상징적으로든 교육과정과 완전히 분리된 공간에서 설계되고 실시되어야 한다. 또한 교사의 시선은 물론이고, 더 나아가 교사의 교육적 고려사항에서도 완전히 분리되어야 한다. 다시 말해, 시험과 교육은 서로 간섭하지 않도록 철저히 분리되어야 한다.

그러나 현실에서는 이와 같은 시험과 교육의 이상적인 분리가 이루어지지 않는다. 학생들의 성취도를 정기적으로 평가하는 체제에서 교사의 경력과 학교의 존속 여부가 그 결과에 좌우된다면, 시험은 급속히 교육 내용을 지배하게 된다. 시험은 교육 내용뿐 아니라 교수 방식과 태도에도 영향을 미친다. 가르침은 학생의 이해도와 상관없이 정답 찾기에만 집중하게 되며, 수업은 획일적이고 경직된 양상을 띠게 된다. 시험의 만연과 그 영향력은 교육의 과정을 왜곡시킬 수 있다. 예를 들어, 부정행위나 단순한 '조력'이 빈번히 발생한다는 증거가 다수 존재한다. 미국의 일부 지역에서는 '고부담' 시험, 즉 중요한 진급 시험에서 학생들을 부당하게 조력한 교사들에게 법적 조치가 취해졌다. 세계 일부 지역에서는 심각한 부정 행위가 벌어지기도 한다. 시험 감독관이 뇌물을 수수하고, 능력 있는 대리인이 시험을 치르며, 시험지가 사전에 거래되는 사례도 있다.

그리고 이러한 상황이 변하고 있다는 증거는 거의 없다. 오히려 세계의 많은 지역에서 상황은 더 악화되고 있다. 1990년대에는 고부담 시험을 준비하는 입시 학원들이 일본에만 있었으나, 이제는 아시아의 다른 지역과 미국까지 확산되었다. 일본에서는 약 3분의 2에 달하는 학생들이 '주쿠'塾라는 학원에 다니며, 매일 저녁 2~3시간씩, 그리고 토요일에도 여가 시간을 포기한 채 시험에 전념하고 있다. 중국에서는 부모들이 중요한 대학 입학 시험인 '가오카오'高考에서 자녀가 더 좋은 성적을 거둘 수 있도록 필사적인 노력을 기울이며, '우뇌' 사고력을 향상시킨다는 터무니없는 사기성 프로그램의 희생자가 되고 있다.

시험과 책무성을 연계하는 사고방식이 교육과정의 구조와 교육의 질에 심각한 악영향을 끼치고 있다는 사실은 더 널리 인식되어야 한다.

제 7 장

학교는 끝났다!

세기가 바뀌어도 학교의 구조는 건물과 관행, 교육 방식과 일상적인 운영 방식에 이르기까지 변화 없이 확고하게 유지되어 왔다. 교사들은 여전히 학생들 앞에 서서 다양한 과목을 가르치고 있으며, 이 과목들 또한 크게 변하지 않았다. 북아메리카와 남아메리카에서 아프리카, 아시아에 이르기까지 전 세계적으로 이러한 패턴이 반복되고 있다(그림 11 참조).

 이러한 학교 교육 방식은 과연 우리에게 어떤 미래를 가져다줄 것인가? 이 책의 서두에서 나는, 학교에서의 경험이 무의미하거나 심지어 해롭다고 일축했던 마크 트웨인, 윈스턴 처칠, 그리고 알베르트 아인슈타인의 발언을 인용했다. 이 세 사람은 각 분야에서 엄청난 영향력을 발휘한 인물들로, 우리

(a) 아르헨티나 부에노스아이레스 산 페르난도의 에스쿠엘라 세쿤다리아 바시카 6번 학교. 중학교 3학년, 교사 부재로 인한 자율 학습, 2011년.

(b) 일본 도쿄의 와세다 입시학원. 5학년, 고전 일본어, 2009년.

(c) 미국 오클라호마주 아반트의 아반트 공립초등학교. 4학년과 5학년, 사회 수업, 2006년.

(d) 예멘 마나카의 알 미타크 여자학교. 초등학교. 2학년, 과학 복습 수업, 2007년.

11. 전 세계적으로 교실 내 교사들의 수업 패턴은 반복된다.

는 그들의 의견에 주목할 필요가 있다.

대부분의 학생들도 이와 크게 다르지 않은 생각을 할 것이다. 많은 학생들이 8월에 슈퍼마켓에서 볼 수 있는 '개학 준비!' 광고를 늦여름, 아니 일 년 중 가장 우울한 장면으로 여길 것이다. 학교의 즐거움을 노래하는 대중가요는 거의 없지만, 학교생활의 고통을 표현하는 노래 가사는 많다. 미국의 록가수 앨리스 쿠퍼의 "더이상 연필도 필요 없고, 더이상 책도 필요 없고, 선생님의 불쾌한 시선도 없다네"라는 노래 가사나, 영국의 록밴드 핑크 플로이드의 "우리는 교육이 필요 없어, 우리는 생각의 통제가 필요 없어, 교실에서의 어두운 냉소는 더더욱 필요 없어"라는 노래 가사도 학교에 대한 부정적인 시각과 학교 교육에 대한 반발을 잘 보여준다.

교육계가 주장하는 포용성, 성취감, 행복이라는 상투적인 표현과 학교가 일상적으로 불러일으키는 우울함 사이에는 심한 괴리가 있다. 많은 아이들이 새 학기를 맞아 새롭게 단장한 학교에서 나는 광택제와 페인트 냄새만으로도 경미한 불안이나 공포를 느낀다. 예를 들어, 속이 메스껍고 가슴이 철렁하며, 도망치고 싶은 강한 욕구를 느끼는 것이다. 다른 많은 아이들에게 학교는 그럭저럭 괜찮은 곳일 뿐이다. 소수에게는 학교가 피난처이자 안도감을 주는 장소이기도 하다. 특히 초등학교 단계에서는 학교를 좋아하는 아이들도 있다.

그러나 상당수의 청소년들에게 학교가 거의 아무런 도움도 되지 않는다는 것은 의심의 여지가 없다. 학교는 그들에게 깨우침과는 거리가 먼 비생산적인 경험을 제공하고, 그 결과 학생들은 무기력한 반항 속에서 외면당할 뿐이다.

그렇다면 학생들은 왜 학교를 싫어할까? 교사들이 노력하지 않아서가 아니다. 교사들은 아마도 가장 헌신적인 전문가들일 것이다. 그들은 학생들을 격려하고, 열정을 불어넣고, 영감을 주기 위해 애쓴다. 1970년대 영국의 노동당 출신 총리 해럴드 윌슨이 지적했듯이, 그와 같은 노동자 계층 출신의 많은 아이들에게 교사는 세상에서 가장 중요한 어른이다. 그러나 비평가들은 학교가 대부분의 청소년들에게 적합하지 않다는 점이 문제라고 지적한다. 학교는 그들이 원하거나 필요로 하는 것을 제공하지 않으며, 그 결과 그들은 거의 아무런 성과도 없이 학교를 떠나게 된다.

다양한 배경을 가진 비평가들은 학교 제도의 여러 측면을 비판해 왔다. 첫째, 학교가 경제적으로 이익이 되지 않기 때문에 '가치가 없다'고 주장하는 이들이 있다. 즉, 정치인들이 말하는 것처럼, 학교는 국가와 개인 모두에게 분명한 이익을 제공하지 않는다는 것이다. 둘째, 학교를 '권리가 사라진 공간'으로 여기고, 청소년들의 독창성과 창의성을 억압한다고 비판하는 이들도 있다. 셋째, 학교가 가장 기본적인 교육 목표조차 달성하지 못하고, 오히려 역효과를 낸다고 지적하는 이들이 있다. 즉, 학교가 심지어 기초적인 기술조차 가르치지 못한다는 것이다. 이제 이러한 비판들 중 몇 가지를 차례로 살펴보겠다.

학교는 투자 대비 효과가 없다

전 세계적으로 정부는 더 나은 교육을 받은 인력이 경제 성장을 촉진할 것이라는 신념하에 교육에 막대한 자금을 투입하고 있다. 현대 사회에서는 학교 교육이 모든 사람에게 더 나은 삶을 가져다준다는 신념이 자리 잡고 있다. 대부분의 납세자들도 이러한 신념에 동의하기 때문에 교육에 투입되는 자금에 대해 큰 이의를 제기하지 않는다. 그들은 자신이나 자녀, 혹은 손주들이 더 많은 교육과 자격증(즉 학위)을 받을수록 더 나은 취업 기회와 높은 소득을 얻을 것이라고 가정한다. 이러한 신념은 19세기 말 의무교육이 시행된 이후, 20세기까지 대학을 포함한 학교 교육의 급격한 성장을 이끌었다. 20세기에는 학교 졸업생들의 연령이 지속적으로 상승했고, 자격증에 대한 수요와 공급이 폭발적으로 증가하였다. 이는 지난 세기 동안 미국에서 학사 학위 수여의 증가를 통해 확인할 수 있다.

1900년에는 약 2만 7천 개의 학사 학위만이 수여되다가, 1950년에는 연간 50만 개의 학사 학위가 수여되었다. 1988년에는 그 수가 연간 100만 개에 달했다가, 2019년에는 연간 약 200만 개의 학사 학위가 수여되었다.

이는 100여 년 만에 미국에서 학사 학위 수여 건수가 연간 74배 증가했음을 보여준다.

고등교육을 받기 위해서는 상당한 비용이 든다. 이 책이 집필될 당시, 영국의 대학 등록금은 학생 1인당 연간 9,000파운드(약 1,500만 원)를 넘고, 미국은 연간 최대 5만 달러(약 6,500만 원)에 달했다. 그럼에도 불구하고, 오늘날 교육에 대한 수요는 그 어느 때보다 강력하다. 교육 기관들은 이러한 높은 수요를 충족시키기 위해 적극적으로 교육 서비스를 제공해 왔다. 하지만 교육이 경제 성장이나 개인의 삶에 미치는 혜택이 단순한 상관관계에 있는 것은 아니라는 증거들이 점점 더 쌓이고 있다. 교육에 대한 신념과 달리, 이러한 증거들은 학교 교육이 경제적 성과나 개인의 미래와 직접적으로 연결되지 않는다는 사실을 보여준다. 실제로 학교 교육은 사람들의 기회나 사회적 이동성을 크게 개선하지 못하는 것으로 나타난다. 1966년 제임스 S. 콜먼James Samuel Coleman,

1926~1995은 학교 간 차이가 학업 성과에 미치는 영향이 학생들의 가정 배경만큼 크지 않다는 사실을 밝혀냈다. 하버드 대학의 크리스토퍼 젠크스Christopher Sandy Jencks, 1936~2025도 1972년에 출간한 『불평등: 미국의 가족과 학교 교육의 효과에 대한 재평가』에서 이와 유사한 결론을 내렸고, 이로 인해 많은 비판을 받은 바 있다.

최근 몇 년간 이루어진 매우 우수한 분석들도 학교 교육에 대해 거의 동일한 견해를 제시하고 있다. 그러나 이러한 분석들은 많은 이들에게 받아들여지기 어려웠고, 그 분석자들은 정치인들의 비판을 감수해야 했다. 앨리슨 울프Alison Wolf, 1949~는 『교육은 중요한가?: 교육과 경제 성장에 대한 신화』에서 치밀한 분석을 통해 "교육 예산의 증가를 당연하게 여기지 않고 그 효용성에 의문을 제기하는 것은 마치 사회에서 동물 혐오자나 바보로 취급받는 것과 같다"고 지적한다. 강력한 증거에 기반한 그녀의 주장을 요약하면, 학교 교육과 여러 긍정적 결과 사이에 일정한 관계가 있는 것은 사실이지만, 학교 교육이 그 혜택을 직접적으로 유발한다는 결론은 타당하지 않다는 것이다. 그녀의 말처럼, 학교 교육이 드러내는 표면적인 성과는 '사람들을 분류하는 기준'을 제공할 뿐이며, 그 사람들은 학교가 있든 없든 간에 결국 어떤 방식으로든 분류될 것이다. 또한 경제 성장과 교육 지출 사이에는 어떤 명확한 연관성도 존재하지 않는다는 것이다.

존 마시John Marsh는 『수업은 끝났다: 왜 우리는 불평등을 해소하기 위해 가르치거나 배울 수 없는가』에서 주로 미국 데이터를 바탕으로 울프와 유사한 결론을 도출한다. 하지만 그는 국가들이 교육에 막대한 자금을 투입하더라도, 그 자금이 불리한 환경에 처한 학생들의 삶을 개선하는 데는 거의 도움이 되지 않는다고 지적하며 울프와는 다른 관점을 제시한다. 그는 젠크스가 『불평등』에서 인용한 구절로 자신의 주장을 요약한다. "학교의 성과는 대개 단 하나의 투입 요소, 즉 입학하는 아이들의 특성에 의해 좌우된다." 이는 학교 교육이 학생들의 성취를 크게 변화시키지 못하며, 가정 환경, 사회적 배경, 인지적 능력 등 이미 갖추고 있는 요인들이 성과에 더 큰 영향을 미친다는 주장이다. 마쉬는 결국 젠크스와 마찬가지로, 학교가 학생들에게 기회를 평등하게 제공하거나 그 기회의 분포를 바꾸는 데 실패했다고 결론내린다.

앨리슨 울프는 저소득 국가들이 많은 비용을 들여 서구의 성취 지향적이고 교육적으로 별다른 성과를 내지 못하는 모델을 모방하는 것을 안타깝게 생각한다. 그녀는 자신의 분석에 대한 비판에 답하며 이렇게 결론짓는다. "개발도상국의 현실을 아는 사람이라면 누구나 교육이 무의미한 경쟁으로 전락할 수 있다는 사실을 의심하지 않을 것이다. 더 심각한 문제는, 교육이 성장을 이끌 수 있다는 잘못된 믿음이 우리의 책임을 손쉽게 회피하는 변명거리가 된다는 점이다."

생각의 통제는 필요 없다

학교의 오래된 관습과 매일 반복되는 운영 방식에 대한 불만은 학교 교육의 역사에서 끊임없이 제기되어 왔다. 이러한 맥락에서 가장 큰 우려는 학교의 지속적인 획일화였다. 철학자 버트런드 러셀Bertrand Arthur William Russell, 1872~1970과 같은 비평가들은 학교가 감옥과 군대 훈련소의 중간 어디쯤이라고 비판하였다. 그들은 국가 교육의 규율과 제약을 매섭게 비판하며 자신들만의 학교를 설립하였다. 그중 가장 주목할 만한 것은 A. S. 닐Alexander Sutherland Neill, 1883~1973이 영국에 설립한 '서머힐', 듀이가 시카고에 설립한 진보적 실험학교를 따라 미국에 설립된 '서드베리 학교들Sudbury schools'이다.

닐의 서머힐 학교는 1921년 영국 서퍽 지역에 설립되었다. 닐의 비전은 분명히 진보적 교육 전통에 근거하고 있었다. 그러나 그는 성인의 권위가 청소년 발달에 미치는 영향을 고려하는 방향으로 그 전통을 확장하였다. 닐은 지그문트 프로이트와 빌헬름 라이히의 정신분석 이론에 영향을 받아, 권위를 강요하면 아이들은 두려움을 느끼고 자기표현을 억제하게 된다고 믿었다. 그는 아이들이 성인의 권위에서 벗어나 자유롭게 생활할 수 있는 공동체를 구상하였다. 서머힐에서는 지금도 여전히, 타인에게 피해를 주지 않는 한, 학생들이 원하는 대로 자유롭게 행동할 수 있다. 학생들의 자유는 어떤 수업을 들을지, 심지어 수업에 참여할지 말지를 선택할 권리에까지 확장된다.

자유를 중시하는 서머힐의 교육철학은 영국 교육부 감독관과 여러 차례 충돌을 겪었다. 특히 1990년대 말에는 감사 결과를 근거로 학교 폐쇄를 시도하는 사건이 발생했다. 서머힐은 이 감사 결과에 이의를 제기했고, 재판에서 판사가 교육부의 주장을 신랄하게 비판한 후, 결국 교육부는 학교 폐쇄 시도를 철회했다.

인권 변호사 제프리 로버트슨은 이 사건에 대해 논평하면서, 닐이 인권법의 발전에 중요한 이정표를 제시했다며 그의 공헌을 높이 평가했다. 그는 닐이 아동의 권리에 대해 다음과 같은 혁신적인 생각을 처음으로 확립했다고 주장한다. '아이들에게도 권리가 있으며, 그들은 부모나 교사의 소유물이 아니다. 아이들에 대한 신체적 폭력은 범죄이며, 타인을 불가피하게 배려해야 하는 경우가 아니라면 아이들의 의지에 반해 특정 행동을 하도록 강요하는 것은 심각한 잘못이다.' 제프리 로버트슨이 지적한 바와 같이, 아동의 권리에 대한 이러한 생각은 1920년대에는 혁명적인 것을 넘어 심지어 무정부주의적인 것으로 여겨졌다. 그러나 오늘날에는 더이상 논란의 여지가 없는 상식처럼 통용되고 있으며, 1989년에 제정된 유엔 아동 권리 협약에도 명문화되어 있다.

학교의 획일화에 대한 또다른 대응으로 홈스쿨링 운동이 등장했다. 이는 생각보다 그리 새로운 현상이 아니었다. 18세기 후반 '가정 교육'은 부유한 중산층과 지주 계급 사이에서 유행했는데, 이는 부분적으로 존 로크와 같은 사상가들이 학교에서 아이들을 분리시켜 교육하는 방식을 비판한 것에 대한 반응이었다. 부유층의 가정 교육 유행은 19세기까지 지속되었으며, 한때 부유층 자녀의 최대 30%가 가정에서 교육을 받았다.

오늘날 홈스쿨링 운동의 동기는 과거와 크게 다르지 않으나 그 양상은 훨씬 더 다양해졌으며, 국가 주도의 교육을 거부하는 이유도 매우 폭넓고 다양하다. 대부분의 국가에서는 홈스쿨링을 위해 자녀를 등록할 법적 의무가 없기 때문에, 현재 홈스쿨링을 받고 있는 아이들의 정확한 수를 파악하기는 어렵다. 영국의 경우, 추정치는 200명당 1명에서 1,000명당 1명 꼴로 추산된다.

미국은 홈스쿨링 규정이 주마다 다르지만, 애리조나주 마리코파 카운티에서는 부모가 홈스쿨링을 등록할 의무가 있으며, 50명 중 1명의 아이가 홈스쿨링을 받고 있다. 특히 코로나19 팬데믹 이후 홈스쿨링 등록자 수는 200% 이상 증가했다. 홈스쿨링에 대한 관심의 증가는 팬데믹 동안, 자녀들이 다니는 학교에서 제공한 온라인 학습에 부모들이 직접 참여하면서 얻은 자신감에서 비롯된 것으로 볼 수 있다. 팬데믹 봉쇄 기간 동안 부모들은 자녀들을 직접 교육해야 했고, 온라인과 소셜 미디어를 통해 학습 자료를 찾고 공유했다. 일부는 메신저 앱을 통해 서로 연결된 이웃들과 가정에서 운영되는 '마이크로스쿨micro-school'을 형성하기도 했다. 이러한 경험에서 성과를 거둔 일부 부모들은 홈스쿨링을 자녀 교육의 영구적 대안으로 고려하기 시작했다.

최근 가정 교육에 대한 지적 자극은 4장에서 언급한 존 홀트와 이제 논의할 이반 일리치와 같은 인물들의 사상에 의해 크게 강화되었다.

학교 없는 사회

이반 일리치는 학교의 목적에 대한 사상을 종합한 중요한 인물이다. 그는 1971년 출간한 『학교 없는 사회』에서 학교를 없애야 한다는 강력한 주장을 펼쳤다. 책의 서두에서 일리치는 자신의 핵심 메시지를 "배움의 권리가 학교 교육의 의무로 인해 제한된다"라고 요약하였다. 다시 말해, 학교라는 제도화된 환경에서 강제적으로 주입되는 교육이 학생들이 자율적으로 배우고 성장할 수 있는 기회를 억압하고, 학습의 다양성과 자유를 제한한다는 것이다.

일리치는 '우리는 가르침과 배움, 학년 진급과 교육, 졸업장과 역량을 혼동하고 있다'고 지적했다. 구체적으로 말하면, 교사가 아무리 가르쳐도 학습자가 실제로 배우지 않으면 학습이 이루어지지 않으며, 학년이 올라간다고 해서 교육이 성공적으로 이루어진 것이 아니며, 졸업장이 실제 역량과는 무관할 수 있다. 그는 학습에 대해 문제를 제기했다. 사람들에게 자신이 알고 소중하게 여기는 것을 어떻게 습득했는지 물어보면, 진보적 사상을 반대하는 이들조차 대부분 그것을 학교 밖에서 배웠다고 인정할 것이다. 일리치는 이렇게 말한다. "사실에 대한 지식이나 삶과 일에 대한 이해는 우정이나 사랑, TV 시청, 독서, 동료의 본보기, 혹은 거리에서 마주친 우연한 도전을 통해 얻어진 것이다."(75쪽)

1970년대에 교사가 되기 위해 교육을 받던 시절,『학교 없는 사회』를 읽고 나는 깊은 감명을 받았다. 나 자신에게 물어보았다. 과연 학교에서 배운 것 중에 정말로 유용했던 것이 있었을까? 물론 읽기, 쓰기, 셈하기는 배웠지만, 나에게 남아 있는 것은 어린 시절 나를 두렵게 했던 교육에 대한 나쁜 기억들뿐이었다. 상황이 심각해서 부모님은 방과 후 집에서 나를 따로 가르치며, 학교가 만든 문제들을 해결해주셔야만 했다. 나는 그때부터 학교와 관련된 모든 것을 두려워하게 되었다. 이 질문을 곰곰이 생각해보니, 훗날 나의 삶에 실제로 도움이 되었다고 확신할 수 있는 것이 거의 없다는 사실을 인정할 수밖에 없었다. 돌이켜보면, 학교에서 유용했던 경험들은 대부분 우연히 얻어진 것들이었다. 친구들과의 우정이나 갈등, 교사들이 때때로 교과 과정을 벗어나 들려준 이야기, 학교가 아니었으면 만나지 못했을 사람들과의 만남, 그리고 우연히 접한 독서를 통해 얻은 것들이었다. 이렇게 생각해보니, 일리치의 주장에 설득력이 있다는 생각이 들었다.

『학교 없는 사회』에는 '학습 네트워크'에 관한 장이 있다. 지금 다시 읽어보니, 일리치의 선견지명은 놀라울 정도다. 그는 "교육의 새로운 경로[즉, 교육과정, 학교, 교육의 '하드웨어']를 탐색하기 위해 현재 진행되고 있는 모든 노력은, 그와 정반대의 제도적 대안을 모색하는 방향으로 전환되어야 한다. 이는 각자가 삶의 모든 순간을 배움과 나눔, 돌봄의 기회로 전환할 수 있도록 해주는 교육의 네트워크를 찾는 것"이라고 주장한다. 일리치는 중앙 컴퓨터를 통해 사람들이 서로 연결되고, 기술이나 학습 요구에 대한 정보와 연락처를 교환하는 네트워크를 상상했다. 그는 이어서 "이처럼 단순한 도구가 공공의 이익을 위한 활동에 널리 사용된 적이 없다는 사실은 놀라운 일이다"라고 말했다. 일리치가 이 책을 집필하던 1960년대는 컴퓨터에 대한 이해가 거의 없었고, 의사소통을 향상시키기 위해 컴퓨터를 활용할 생각조차 할 수 없는 시기였다. 그러나 일리치는 이미 그 시절에 소셜 네트워킹의 가능성을 예견하고 있었다.

일리치가 50년 전에 소셜 네트워킹을 예견했음에도 불구하고, 지난 25년간 학교는 그 잠재력을 실현하기 위한 노력을 거의 하지 않았다고 말하는 것이 타당할 것이다. 학교의 한 가지 특징은 제도의 보수성이다. 소셜 네트워킹의 가능성을 최근까지 활용하지 않았다는 점은 학교 시스템이 변화에 매우 저항적이며 오랫동안 기존 방식을 고수해왔다는 것을 보여준다. 실제로 2020년 코로나19 팬데믹이 전 세계를 강타해 학교와 대학이 몇 달 동안 문을 닫은 후에야 화상 회의, 온라인 학습, 소셜 네트워킹이 본격적으로 활용되기 시작했다. 봉쇄 조치가 계속되자, 교사들은 즉각적으로 뛰어난 적응력과 노력을 발휘해 학생들을 위한 온라인 학습으로 전환했다. 동시에 교육 당국은 기존 틀에서 벗어나 집에서의 온라인 학습과 등교 수업을 병행하는 '혼합 교육flexi-schooling' 방식을 고려하기 시작했다.

이 새로운 변화가 장기적으로 학교와 대학의 교육 실천에 얼마나 깊이 자리잡을지는 아직 알 수 없다. 물론 모든 학생들이 혼합 교육 방식의 혜택을 받기 위해서는 여러 도전적인 과제가 남아 있다. 특히 좁은 주거 환경에서 지내거나 필요한 기술에 접근이 불가능한 학생들은 어려움을 겪을 것이다. 그러나 이러한 문제들은 극복 불가능한 것이 아니다. 필요한 장비를 지원하고 혼합 교육 방식을 도입함으로써 더 많은 학생들이 혜택을 누릴 수 있게 해야 한다. 그렇게 된다면, 일리치가 예견했던 유연성과 네트워킹의 장점을 실현하는 긍정적인 변화가 일어날 것이다.

일리치의 놀라운 통찰력은 학습 실패를 바라보는 방식에서도 드러난다. 그는 학습 실패의 원인을 단순히 학습 장애나 지능 부족으로 보지 않고, 빈곤의 결과로 해석했다. 100년이 넘는 시간 동안 교육자들은 학습 실패를 설명할 때 너무 쉽게 '아이의 내적 문제'로 귀결시켰다. 이 문제는 시대에 따라 저능, 교육적 비정상, 그리고 최근에는 학습 장애라는 용어 등으로 다양하게 불리어 왔다. 이는 결국 학습 실패의 원인을 아이에게서 찾으려는 경향을 반영한다.

혹은 아이의 행동 문제로 인한 부적응, 정서 및 행동 장애, 또는 주의력 결핍 과잉행동장애ADHD와 같은 이름으로 시기에 따라 다르게 불리기도 했다. 일리치는 학습 실패의 원인이 아이에게 내재된 결함이 아니라, 아이의 문화와 이를 수용하지 못하는 학교의 역량 부족에 있다고 보았다. 이러한 일리치의 관점은 오늘날 많은 교육자들이 공감하는 시각이기도 하다.

여기서 주목할 점은 학습 실패를 아이들의 결함으로 설명하는 방식이 오랫동안 지속되어 왔다는 것이다. 새로운 대안적 설명들이 꾸준히 축적되어 왔음에도 불구하고, 이러한 접근은 크게 변하지 않고 유지되고 있다. 그러나 1920년대 영국의 운하 보트 아이들에 대한 연구부터 1970년대 미국 산악 지역 아이들에 대한 연구, 그리고 오늘날 미국 도시 내 학습 실패의 지리적 경향에 대한 연구에 이르기까지, 중요한 교훈은 학업에서 아동의 성패를 결정짓는 가장 중요한 원인은 심리적 특성이 아니라 문화적 환경이라는 점이다. 다시 말해, 학교 실패의 원인은 아이들 내부의 '문제'가 아니라 빈곤에서 비롯된 것이며, 일리치는 이에 대해 놀라울 정도로 예리하게 간파하고 있었다. 그는 학습 실패의 원인을 아이에게서 찾기보다는 학교라는 제도에서 찾아야 한다는 통찰을 지니고 있었다.

학교가 불리한 환경에 놓인 아이들을 제대로 지원하지 못하고 있음에도 불구하고, 여전히 학교는 강력한 힘으로 교육 예산의 대부분을 끌어당기고 있다. 이는 학교라는 제도에 부여된 특권적 지위와, 현재의 상태를 그대로 유지하려는 강력한 기득권층이 존재하기 때문이다. 일리치는 이러한 구조가 전복되어야 한다고 주장했다. 그는 "누구나 인생의 어느 시점에서든 공공 비용으로 수백 가지의 기술 가운데 원하는 것을 자유롭게 선택해 배울 수 있어야 하며, 이를 방해하는 어떤 장애물도 없어야 한다"(21쪽)고 말했다. 또한, 일리치는 출생 시 발급되는 '교육신용카드edu-credit cards' 개념을 제안하며, 이를 통해 "학교보다 더 편리하고, 더 나은 방식으로, 더 빠르고 저렴하게, 그리고 부작용이 적은 방법으로 필요한 '기술'을 습득할 수 있을 것"이라고 보았다.

이 마지막 진술에서 알 수 있듯이, 일리치는 기술 학습 자체를 반대한 것이 아니었다. 때로 그는 교사라기보다는 혁명가로, 교육보다는 사회 변혁에 더 관심이 있는 인물로 묘사되지만, 교육의 목적에 대해서는 오히려 보수적인 면을 가지고 있었다. 형식주의자들이 교육의 핵심으로 강조하는 기능skill은 일리치에게도 교육에 필수적인 요소였다. 그러나 그가 반대한 것은 이러한 기능을 학교에서 가르치는 방식이었다. 문제는 학교라는 제도 자체에 있었다. 일리치는 학교라는 제도가 가진 고유한 특성과 한계 때문에 학습을 진정 의미 있는 과정으로 만들지 못한다고 보았다.

일리치는 브라질의 교육자 파울로 프레이리Paulo Freire, 1921~1997의 업적을 높이 평가했다. 일리치에게 있어 프레이리는 교육이 어떻게 이루어져야 하는지를 보여준 살아 있는 본보기였다. 존 로크와 존 듀이처럼, 프레이리도 교육을 건강한 민주주의를 실현하기 위한 필수적이고 불가결한 요소로 보았다. 그는 진정으로 개방적이고 민주적인 사회가 되기 위해서는 사람들이 자신의 정치적 상황을 이해해야 한다고 믿었다. 이를 위해 프레이리는 자신의 평생을 브라질의 빈곤한 농민들의 교육에 헌신했으며, '의식화conscientização'라고 부르는 과정을 통해 그들이 문맹을 극복하도록 도우면서 동시에 자유를 향한 주체적 실천을 하도록 이끌었다.

프레이리에게 문해력과 자유는 별개의 것이 아니라 서로 긴밀하게 얽혀 있었다. 그는 『페다고지: 피억압자의 교육학』에서 전통적인 교육 방식이 가난한 자들을 억압하는 체제 유지에 기여한다고 주장했다. 프레이리는 문해력이 단순히 농민을 억압하는 사람들의 이익을 위해 농민을 '개선'하는 도구가 되어서는 안 된다고 강조했다. 노동자의 문해력을 높이는 것이 더 나은 노동자나 더 순응적인 소비자를 만드는 수단이 되어서는 안 된다. 교육은 오히려 그들을 고양하고 억압에서 해방시키는 역할을 해야 한다. 다시 말해, 교육은 민주주의 과정의 핵심에 자리해야 한다.

프레이리는 직접 현장에 뛰어들어 민중들 속에서 민중들과 함께 활동했다. 이 점이 바로 그의 업적이 전 세계 수많은 교육자들로부터 찬사를 받는 이유이다. 그는 높은 이상을 구체적인 실천과 결합했다. 프레이리가 제시한 문제 해결책은 단순히 수사나 이론에 머물지 않았다. 그는 비문해 상태의 성인들에게 그들의 삶과 밀접한 단어와 표현을 바탕으로 읽기를 가르치는 매우 실용적인 계획을 고안했다. 이런 점에서 그의 접근은 브루너의 나선형 교육과정이 제시한 원칙 즉, 학습자가 실제로 '있는' 자리에서 출발해 학습을 의미 있게 만들어야 한다는 원칙과 일맥상통한다.

프레이리의 사례는 '학교라는 제도가 교육 기관으로서 부적절하다'는 일리치의 주장을 뒷받침하는 것처럼 보인다. 왜냐하면 프레이리가 크게 성공시킨 교육 프로그램은 학교 안이 아닌, 학교 밖에서 진행된 것이었기 때문이다. 1965년, 미국 보건·교육·복지부 장관이었던 존 가드너는 논란이 될 만한 주장을 했다. 그는 고등학교 졸업생이 12년간 학교에서 배운 모든 내용을 실제로는 2년이면 충분히 배울 수 있다고 말했다. 프레이리의 성인 학습자들은 정규 학교 환경 밖에서 자신들의 삶과 밀접하게 관련된 교육과정을 통해 몇 주 만에 기본적인 문해력을 습득함으로써, 가드너의 주장을 실증적으로 입증했다. 만약 이것이 가능하다면, 같은 목표를 위해 여러 해를 초등 교육에 할애하면서도 종종 실패에 이르는 이 프로젝트가 과연 타당한지 의문을 제기할 수밖에 없다. 이는 곧 사람들이 학교 밖에서 더 잘 배운다는 일리치의 주장에 대한 강력한 증거가 된다.

미래는 어떻게 될까?

내가 기억하는 한, 우리는 늘 학교 교육의 혁명을 목전에 두고 있었다. 앞서 언급한 비판들과 정보기술이 가져온 지식 접근성의 발전은 많은 사람들에게 학교라는 제도가 곧 사라질 것이라는 확신을 주었다. 실제로 1985년 한 저명한 대학 학장이 한 연설에서, 새천년이 오기 전에 학교는 사라질 것이라고 자신만만하게, 그리고 다소 거만하게 예측했던 것이 아직도 생생하다. 그러나 학교는 아무런 손상이나 변화 없이 새천년을 맞이했다. 오히려, 학교는 그 어느 때보다도 건재하며, 그 인기는 사라질 기미조차 보이지 않는다.

왜 학교의 졸업 연령이 계속해서 높아지고, 고등 교육의 확장이 당연시되는 것일까? 왜 고등학교를 졸업할 때 학생 절반이 거의 아무런 성과도 없이 학교를 떠나는 현실을 철저히 조사하지 않는가? 학생들은 학교에 다니고 싶어 하지 않으며, 자격증 중심의 교육 시스템이 성공적이라는 증거도 거의 없는데, 왜 여전히 그들을 학교에 강제로 보내는 것일까? 왜 중·고등학생 시기부터 일리치의 '교육신용카드'를 제공하지 않는가? 이를 통해 학생들은 자신의 필요에 맞게 자유롭게 교육을 선택할 수 있을 텐데 말이다. 도제식 교육을 받거나, 학교를 계속 다니거나, 혹은 10대 후반, 20대, 30대 또는 그 이후에 교육을 받기로 선택할 수도 있다. 무엇보다, 다양한 연령대의 학생들이 공존하는 학교 환경은 학교를 보다 정상화하는 데 기여할 수도 있다.

교육학자 이안 버크와 이안 그로스베너의 『내가 원하는 학교』에서 14세 소녀 로나는 자신이 꿈꾸는 학교에 대해 이렇게 말하였다.

> 저는 학교와 아이들 사이의 연결고리가 약해지는 모습을 보고 싶어요. 경제적으로 가능한지는 잘 모르겠지만, 모든 나이대를 위한 선택적이고 포괄적인 교육 시스템이 있으면 좋겠어요. 그러면 세대 간의 관계도 더 좋아지고, 젊은 사람들에게 더 많은 자유를 줄 수 있을 것 같아요. … 이 시스템은 사람들이 자기가 좋아하는 거랑 잘하는 걸 진지하게 배울 수 있게 충분히 유연했으면 좋겠어요. 그리고 필요하다면 나중에 다른 분야도 따라잡을 수 있는 기회를 주면 좋겠어요.

로나의 아이디어는 정말 훌륭하다! 지금은 어디에서 뭘 하고 있을까? 사실 학교에서 연령 구조를 혼합하는 것은 매우 유익할 수 있다. 그러나 정부가 이러한 급진적인 구조 개편을 논의하는 모습은 거의 찾아볼 수 없다.

우리는 교육의 다른 한쪽 끝도 살펴볼 필요가 있다. 아이들의 학교 입학 연령을 낮추려는 시도 대신, 여러 증거를 검토하여 오히려 입학 연령을 높이는 방안을 왜 고려하지 않는가? 동시에, 영국의 '슈어 스타트Sure Start'처럼 어린 자녀를 둔 가정에 광범위한 지원과 보육비를 제공하는 유아 교육과 프로그램을 확대할 수는 없는가? 연구에 따르면, 현재 '아동 센터'로 불리는 슈어 스타트 센터는 부모의 부정적인 양육 태도와 방식을 없애고, 아이들의 가정 학습 환경을 개선하는 데 기여했다. 그러나 2010년 이후 이 프로그램의 예산은 3분의 2로 삭감되었다. 이러한 접근 방식은 핀란드에서 어떠한 문제도 일으키지 않았다. 사실, 앞서 언급했듯이 핀란드 아이들은 세계에서 가장 뛰어난 독해력을 자랑한다. 그 이유는 간단하다. 우리 중 누구도 압박을 받거나, 두려워하거나, 지루할 때는 배울 수 없다. 그러나 많은 아이들이 유치원의 자유로운 분위기에서 '큰' 학교로 옮겨가는 순간 긴장감을 느끼며, 이는 곧 두려움과 불안으로 이어진다.

혹시 우리가 증거에 기반해 교육을 설계하고자 한다면, 왜 의미 있는 두 가지 근거를 결합해보지 않는 것일까? 첫번째는, 학교에 머무는 총 시간은 사람들이 흔히 생각하는 것만큼 그렇게 중요하지 않다는 것이다. 예를 들어, 병원에서 오랜 시간을 보내는 아이들도 학업에 큰 어려움을 겪지 않는 경우가 많다. 두번째는, 학습의 질에 있어서 학급 규모가 중요하다는 것이다. 관련된 증거는 복잡하지만, 나는 상식적인 해석을 따른다. 이 두 가지 사실을 결합해 학교에 있는 학생 수를 줄이는 정책을 도입하지 않는 이유는 무엇일까? 중등 교육에서는 학습 과정을 더 독립적이고 자율적인 모듈로 구성하여 출석 패턴의 유연성을 높이고, 학교에 오지 않는 시간 동안 학교 밖에서 시간을 어떻게 보낼지 교육 계획서를 작성하도록 하는 방법이 있다. 예를 들어, 다른 학생들과 프로젝트를 위해 네트워크를 형성하거나, 일정 기간 동안 일을 하거나, 봉사 활동을 하거나, 온라인 연구 프로젝트를 수행하거나, 탐험이나 견학을 기획하거나, 조부모와 휴가를 가는 등의 다양한 선택지를 제공할 수 있다. 또다른 나라 학생과 한 달간 교환 프로그램을 진행할 수도 있다. 18세에 대학에 가는 것이 예외적인 일이 되고, 몇 년간 다른 경험을 쌓은 후 20대나 30대에 대학에 가는 것이 더 자연스러운 일이 되도록 해보는 것은 어떨까?

이 모든 논의는 이 책의 처음에서 내가 제기했던 핵심으로 다시 돌아가게 한다. 바로 '교육'과 '학교 교육'이라는 단어가 종종 혼용되어 사용된다는 점이다. 그러나 이 책의 마지막에서 다시 한번 강조하고자 하는 핵심은, 교육은 현재의 학교 교육과 동일하지 않다는 사실이다. 다시 말해, 학교는 교육의 본질을 구현하는 기관으로 변모해야 한다.

미국 정부의 전직 고문이었던 다이앤 라비치는 조지 W. 부시 대통령이 시행했던 '아동낙오방지법NCLB'에 대한 10년간의 경험을 되돌아보며 이렇게 말했다.

> 아동낙오방지법은 학교를 개선하는 방법에 대한 잘못된 가정에 기반한 처벌 위주의 법이었다. … 아마도 가장 순진했던 점은, 기초 기능을 측정하는 표준화된 시험에서 더 높은 점수를 받는 것이 곧 좋은 교육과 동일하다고 가정한 것이었다.

여기서 라비치는 교육에 대한 공개 토론에서 흔히 범하는 중대한 실수 중 하나를 정확하게 짚어낸다. 그것은 '교육'을 '표준'이라는 포괄적인 개념과 혼동하는 것이며, 이는 곧 '시험 점수'로 귀결된다. 이러한 혼동은 교육이 무엇인지 깊이 생각하지 않으려는 태도에서 비롯된 것이다.

이 장에서는 학교 교육에 대한 몇 가지 비판을 살펴보았다. 그림 12에서는 이러한 현대적 비판들을, 이 책에서 간략히 설명한 수 세기에 걸친 교육 사상의 변화 맥락 속에 배치하여 정리했다.

제7장 학교는 끝났다!

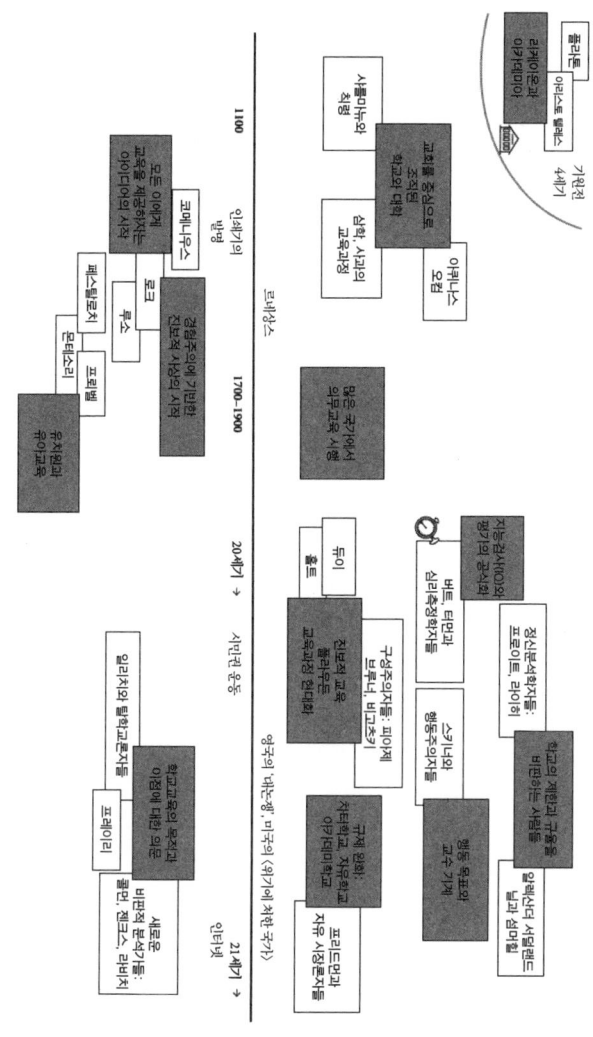

12. 교육 사상의 연대표 (시간적 비례는 반영되지 않음)

235

라비치가 언급한 학교 개선 방향의 문제점이나, 여러 비판에도 불구하고 중대한 혁신에 저항하며 기존 방식을 고수하는 현재 학교의 모습을 고려할 때, 이 책의 마지막 장을 존 마시가 『수업은 끝났다』에서 한 말로 마무리하고자 한다.

만약 학교가 학생들의 삶의 기회를 특별히 향상시키거나 저해하지 않는다면, … 왜 그들에게 다른 교육적 목표를 추구할 자유를 주지 않는가?(206쪽)

참고문헌과 더 읽을거리

1장. 시작하며

Bowles, S. and Gintis, H. (1999) *Schooling in Capitalist America: Educational Reform and the Contradictions of Economic Life* (New York: Basic Books).

Harleian Miscellany (1810) *A Collection of Scarce, Curious, and Entertaining Pamphlets and Tracts, as well in Manuscript as in Print; Found in the Late Earl of Oxford's Library, Interspersed with Historical, Political, and Critical Notes* (London: Robert Dutton).

Leach, A. F. (1915) *The Schools of Medieval England* (London: Methuen & Co. Ltd) (this can be found in the excellent online 'The history of education in England').

Plato (2007) *The Republic* (London: Penguin).

Postman, N. (1994) *The Disappearance of Childhood* (New York: Vintage Books).

Rousseau, J.-J. ([1762] 1993) *Émile* (trans. B. Foxley) (London: J. M. Dent).

Trevelyan, G. M. (1978) *English Social History*: A Survey of Six Centuries from Chaucer to Queen Victoria (London: Longman).

아동기 개념의 발전에 대해서는 다음을 참조하라: Cunningham, H. (2006) *The Invention of Childhood* (London: BBC Books).

아리스토텔레스에 대한 유용한 논의는 다음을 참조하라. 특히 교육에 관해서는 『정치학』(8장)을 참조하라: Ackrill, J. L. (1988) *A New Aristotle Reader* (Princeton: Princeton University Press).

후기 튜더 시대 영국에서 교육이 어떻게 발전했는지에 대해서는 다음을 참조하라: Pearson, L. E. (1967) Elizabethans at Home (Stanford, Calif.: Stanford University Press)

*Mimes of Herodas*는 다음의 웹 주소에서 찾아볼 수 있다: ⟨https://elfinspell.com/Mimes.html#refchap2⟩

아우구스티누스의 체벌에 관한 인용문은 다음의 웹 주소에서 찾아볼 수 있다:

⟨https://www.newadvent.org/fathers/110101.htm⟩

2장. 물과 기름: 형식적 교육과 진보적 교육

Aristotle (1962) *The Politics* (trans. T. A. Sinclair) (London: Penguin).

Dewey, J. (1938) *Experience and Education* (New York: Collier Books).

Locke, J. ([1693] 1996) *Some Thoughts Concerning Education and Of the Conduct of Understanding* (with an introduction by R. W. Grant and N. Tarcov) (Indianapolis: Hackett Publishing Co. Inc.).

루소의 흥미로운 생애와 그의 사상에 대해서는 다음을 참조하라: Wokler, R. (2001) *Rousseau: A Very Short Introduction* (Oxford: Oxford University Press).

듀이와 오크쇼트, 그리고 교육의 의미와 목적에 대해서는 다음을 참조하라: Pring, R. (2015) *Philosophy of Educational Research* (3rd edn) (London: Continuum).

진보적이고 비형식적 교육에 관한 훌륭한 자료는 Infed 웹 주소인 다음에서 찾아볼 수 있다.
⟨http://www.infed.org/⟩.

3장. 전통의 전개: 아이디어에서 실천으로

Bennett, N. (1976) *Teaching Styles and Pupil Progress* (London: Open Books).

Burke, C. and Grosvenor, I. (2003) *The School I'd Like: Children and Young People's Reflections on an Education for the 21st Century* (London: Routledge).

교실에서 사용되는 진보적인 교육 방법에 대한 최근의 연구 동향은 다음을 참조하라: Brown, A. L. and Campione, J. C. (1990) Communities of learning and thinking, or a context by any other name, in D. Kuhn (ed.), *Developmental Perspectives on Teaching and Learning Skills* (Basel: Karger) (Vol. 21, pp. 108–26).

국제 비교 데이터는 주로 ⟨경제협력개발기구(OECD)의 국제 학업 성취도 평가PISA⟩, ⟨수학·과학 성취도 추이 국제 비교 연구TIMSS⟩, ⟨국제 읽기 능력 발달 연구PIRLS⟩를 통해 얻는다. 본문에서 사용된 통계는 다음에서 인용하였다: OECD (2019) *PISA 2018* 결과. 이는 다음의 웹 주소에서 찾

아볼 수 있다:

⟨https://www.oecd.org/pisa/publications/PISA2018_CN_USA.pdf⟩.

교육 분야에서 '효과적인 방법'을 찾으려는 접근이 왜 실패하는지에 대해 더 깊이 알고 싶다면, 다음 논문을 참고하라: 「Thomas, G. (2020) Experiment's persistent failure in education inquiry, and why it keeps failing」, *British Educational Research Journal*, DOI:10.1002/berj.3660.

본문에서 언급된 교육과정 비교에 대한 추가 정보는 '팔로우 스루'(Follow Through) 프로그램의 주요 평가 보고서에서 확인할 수 있다: Schweinhart, L. J. and Weikart, D. P. (1997) Lasting differences: the HighScope preschool curriculum comparison through age 23, *Early Childhood Research Quarterly*, 12: 117-43.

교실 생태학에 대한 최초의 논의는 월터 도일의 고전적 논문에서 찾을 수 있다: Doyle, W. (1977) The uses of non-verbal behaviours: toward an ecological view of class-rooms, *Merrill-Palmer Quarterly*, 23/3: 179-92.

'프로젝트 오라클'(Project ORACLE)에 대한 자세한 설명은 다음을 참조하라: Galton, M. J., Simon, B., and Croll, P. (1980) *Inside the Primary Classroom* (London: Routledge and Kegan

Paul). 갈톤은 후에 다른 동료들과 함께 *Inside the Primary Classroom: Twenty Years on*를 저술하였는데, 그 20년 동안의 교육 변화에 대해 잘 설명하고 있다.

미국의 교육 개혁에 대한 종합적인 역사적 분석과 관점은 다음을 참조하라: Tyack, D. and Cuban, L. (1995) *Tinkering toward Utopia: A Century of Public School Reform* (Cambridge, Mass.: Harvard University Press).

정부의 하향식 '지침'에 기반한 학업 수준 향상 주장에 대한 반박은 다음을 참조하라: Tymms, P. (2004) Are standards rising in English primary schools, *British Educational Research Journal*, 30/4: 477-94.

'낙오 학생 방지법'(NCLB)과 실험적으로 검증된 교수 방법만을 사용하는 접근법에 대해서는 다음을 참조하라: Thomas, G. (2016) After the gold rush: questioning the 'gold standard' and reappraising the status of experiment and randomized controlled trials in education, *Harvard Educational Review*, 86/3: 390-411.

4장. 20세기의 위대한 사상들

Ball, S. (2008) *The Education Debate* (Bristol: The Policy

Press).

Brighouse, T. (2018) *Rab Butler revolutionised education in 1944. Let's do it again.* 이는 다음의 웹 주소에서 찾아볼 수 있다: ⟨https://www.theguardian.com/education/2018/apr/03/rab-butler-1944-revolutionise-education-act-tim-brighouse.⟩

Burke, C. and Grosvenor, I. (2003) *The School I'd Like: Children and Young People's Reflections on an Education for the 21st Century* (London: Routledge).

Claxton, G. (2008) *What's the Point of School?* (Oxford: Oneworld Publications).

Cox, C. E. and Dyson, A. E. (1971) *The Black Papers on Education* (London: Davis-Poynter).

Cremin, L. (1961) *The Transformation of the School: Progressivism in American Education 1876–1957* (New York: Knopf).

Dewey, J. (1916) *Democracy and Education* (New York: Free Press).

Dewey, J. (1963) *Experience and Education* (New York: Collier Books) (originally published in 1938 by Kappa Delta Pi).

Dewey, J. (1920/2004) *How We Think* (Whitefish, MT:

Kessinger Publishing).

Hadow Report (1931) *The Board of Education's Report of the Consultative Committee on the Primary School*. 이는 다음의 웹 주소에서 찾아볼 수 있다:

⟨http://www.educationengland.org.uk/documents/hadow1931/3100.html⟩.

Holt, J. (1964) *How Children Fail* (New York: Pitman Publishing Company).

Kilpatrick, W. H. (1918) The project method, *Teachers College Record*, 19: 319–35.

Minow, M. (2010) *In Brown's Wake: Legacies of America's Educational Landmark* (New York: Oxford University Press).

Plowden Report (1967) *Children and their primary schools*. 이는 다음의 웹 주소에서 찾아볼 수 있다:

⟨http://www.educationengland.org.uk/documents/plowden/⟩.

Popper, K. (2002) *Conjectures and Refutations: The Growth of Scientific Knowledge*, 2nd edn (London: Routledge).

Postman, N. and Weingartner, C. (1971) *Teaching as a Subversive Activity* (London: Penguin).

Ravitch, D. (2010) *The Death and Life of the Great American*

School System: How Testing and Choice are Undermining Education (New York: Basic Books).

Sandel, M. (2012) *What Money Can't Buy: The Moral Limits of the Market* (London: Allen Lane).

US Supreme Court (1954) *Brown et al. v. Board of Education of Topeka et al.* appeal from the United States District Court for the District of Kansas, 347 US 483.

프리드먼의 바우처에 관한 글은 다음과 같다: Friedman, M. (1955) The role of government in education, in R. A. Solo (ed.), *Economics and the Public Interest* (Chapel Hill, NC: Rutgers University Press).

Further discussion on Plowden can be found in the journal FORUM, which in 2007 had two issues on Plowden forty years on (Vol. 49, Numbers 1 & 2).

플라우든(Plowden)에 대한 추가 논의는 학술지 *FORUM*에서 찾아볼 수 있는데, 2007년에는 〈플라우든 보고서〉 40주년을 기념하여 두 권의 호(제49권, 1호 및 2호)를 발간하였다.

교육의 시장화에 대한 탁월한 분석은 다음을 참조하라: Bridges, D. and Jonathan, R. (2003) Education and the market, in N. Blake, P. Smeyers, R. Smithand, P. Standish (eds), *The Blackwell Guide to the Philosophy of Education* (Oxford:

Blackwell).

공공 서비스에 대한 시장 이데올로기 적용에 관한 매우 읽기 쉬운 분석은 다음을 참조하라: Seddon, J. (2008) *Systems Thinking in the Public Sector* (Axminster: Triarchy Press).

제임스 메러디스(James Meredith)가 미시시피대학 캠퍼스에 입학하는 장면을 보려면, 유튜브에서 '제임스 메러디스 미시시피대학교 1962년 통합 폭동 뉴스릴'(James Meredith University of Mississippi 1962 Integration Riot Newsreel)을 검색하면 된다.

특수교육에서 분리 교육의 역사에 대해서는 다음 논문에서 참조하라: Thomas, G. (2013) A review of thinking and research about inclusive education policy, with suggestions for a new kind of inclusive thinking, *British Educational Research Journal*, 39/3.

존 클로턴(John Claughton)의 사립학교와 선발 과정의 유전자(DNA)에 대한 전체 논평은 온라인 잡지 *Attain*의 여름호에서 찾아볼 수 있다. 이는 다음의 웹 주소에서 찾아볼 수 있다: 〈http://www.attainmagazine.co.uk/politics/a-reply-to-lord-adonis/〉.

5장. 분석가와 이론가의 유산

Bernstein, B. (1973) *Class, Codes and Control: Theoretical Studies Towards a Sociology of Language* (London: HarperCollins).

Bourdieu, P. (1977) 'Cultural reproduction and social reproduction', in J. Karabel and A. H. Halsey (eds), *Power and Ideology in Education* (Oxford: Oxford University Press).

Bruner, J. (1977) *The Process of Education* (Cambridge, Mass.: Harvard University Press).

Bryant, P. E. (1984) Piaget, teachers and psychologists, *Oxford Review of Education*, 10/3: 251 – 9.

Crowther Report (1959) *15 to 18*. 이는 다음의 웹 주소에서 찾아볼 수 있다:

〈http://www.educationengland.org.uk/documents/crowther/〉.

Fienberg, S. E. and Resnick, D. P. (1997) Re-examining the bell curve, in B. Devlin, S. E. Fienberg, D. P. Resnick, and K. Roeder (eds), *Intelligence, Genes and Success: Scientists Respond to the Bell Curve* (New York: Springer-Verlag).

Herrnstein, R. J. and Murray, C. (1994) The Bell Curve: *Intelligence and Class Structure in American Life* (New York: The

Free Press).

Jensen, A. (1969) How much can we boost IQ and scholastic achievement? *Harvard Educational Review*, 39/1: 123.

Lippmann, W. (1922) The mental age of Americans, The New Republic, 25 October, 213-15.

Marmot, M. (2010) *Fair Society, Healthy Lives: The Marmot Review—Strategic Review of Health Inequalities in England Post-2010* (London: UCL). 이는 다음의 웹 주소에서 찾아볼 수 있다:

〈www.ucl.ac.uk/marmotreview〉(접속일: 2011.2.28).

Reimer, E. (1971) *School is Dead* (London: Penguin).

Terman, L. M. (1924) The possibilities and limitations of training, *Journal of Educational Research*, 10: 335-43.

Vygotsky, L. S. (1978) *Mind in Society: Development of Higher Psychological Processes* (Boston: Harvard University Press).

Willms, J. D. (1999) Quality and inequality in children's literacy: the effects of families, schools and communities, in D. Keating and C. Hertzman (eds), *Developmental Health and the Wealth of Nations: Social, Biological, and Educational Dynamics* (New York: Guilford Press), 72-94.

시릴 버트의 부정행위와 그 증거는 다음을 참조하라: Hearnshaw, L. S. (1979) *Cyril Burt: Psychologist* (London: Hodder and Stoughton); Kamin, L. J. (1977) Burt's IQ data, *Science*, 195: 246 – 8.

피아제와 그의 '보존' 개념에 대한 구체적인 논의는 다음을 참조하라: Elkind, D. (1967) Piaget's conservation problems, *Child Development*, 38: 15 – 27.

서튼 트러스트(Sutton Trust)의 웹 주소는 고등교육 접근성에 대한 탁월한 분석을 제공한다.

학급 규모에 대한 경제협력개발기구(OECD) 통계는 다음의 웹 주소에서 확인할 수 있다:

⟨https://stats.oecd.org/Index.aspx?DataSetCode=EDU_CLASS⟩.

존 콜드웰의 연구에 대한 자세한 내용은 다음을 참조하라: Caldwell, J. C. (1986) Routes to low mortality in poor countries, *Population and Development Review*, 12/2: 171 – 220.

6장. 교육과정

Brighouse, T. (2018) *Rab Butler revolutionised education*

in 1944. Let's do it again. 이는 다음의 웹 주소에서 찾아볼 수 있다: ⟨https://www.theguardian.com/education/2018/apr/03/rab-butler-1944-revolutionise-education-act-tim-brighouse.⟩

Cannadine, D., Keating, J., and Sheldon, N. (2011) *The Right Kind of History* (Basingstoke: Palgrave).

Jackson, P. (1968) *Life in Classrooms* (New York: Holt, Rinehart and Winston).

Marshall, H. E. (2007) *Our Island Story: A History of Britain for Boys and Girls from the Romans to Queen Victoria* (London: Civitas).

Peddiwell, J. A. (1939) *The Saber-Tooth Curriculum* (New York: McGraw-Hill).

Postman, N. (1996) *The End of Education* (New York: Alfred A. Knopf).

Reimer, E. (1971) *School is Dead* (London: Penguin).

Stenhouse, L. (1975) *An Introduction to Curriculum Research and Development* (London: Heinemann).

Rudduck, J. and Hopkins, D. (eds) (1985) *Research as a Basis for Teaching: Readings from the Work of Lawrence Stenhouse* (London: Heinemann).

Whitehead, A. N. (1929) *The Aims of Education and Other Essays* (London: Macmillan).

브루너의 나선형 교육과정에 대한 확장된 논의를 위해서 다음을 참조하라. 특히 7장을 보라: Alexander, R. (2008) *Essays on Pedagogy* (London: Routledge).

시술의 전이와 체스의 사례에 대한 논의는 다음을 참조하라: Klein, P. (1997) Multiplying the problems of intelligence by eight: a critique of Gardner's theory, *Canadian Journal of Education*, 22/4: 377–94.

7장. 학교는 끝났다!

Burke, C. and Grosvenor, I. (2003) *The School I'd Like: Children and Young People's Reflections on an Education for the 21st Century* (London: Routledge).

Freire, P. (1970) *Pedagogy of the Oppressed* (London: Penguin).

Illich, I. (1973) *Deschooling Society* (London: Penguin).

Jencks, C., et al. (1973) *Inequality: A Reassessment of the Effect of Family and Schooling in America* (London: Allen Lane).

Marsh, J. (2011) *Class Dismissed: Why We cannot Teach or*

Learn our Way out of Inequality (New York: Monthly Review Press).

Minow, M. (2010) *In Brown's Wake: Legacies of America's Educational Landmark* (New York: Oxford University Press).

Ravitch, D. (2000) *Left Back: A Century of Failed School Reforms* (New York: Simon & Schuster).

Wolf, A. (2002) *Does Education Matter? Myths about Education and Economic Growth* (London: Penguin Books).

켄 로빈슨(Ken Robinson) 경은 오늘날 학교 교육에 대한 몇 가지 오해를 유튜브 클립 'RSA animate—changing education paradigms'에서 훌륭하게 요약하였다. 그는 또한 ADHD '대유행'에 대해 흥미롭게 논박한다.

서머힐과 닐의 철학, 그리고 최근 교육부 감독관과의 논쟁은 다음을 참조하라: Vaughan, M. (2006) *Summerhill and A. S. Neill* (Maidenhead: Open University Press).

초기 홈스쿨링에 대해서는 다음을 참조하라: Musgrove, F. (1972) Middle-class families and schools, 1780 – 1880, in P. W. Musgrave (ed.), *Sociology, History and Education* (London: Methuen).

핀란드의 학교 시스템에 대해서는 다음을 참조하라: Sahlberg, P. (2015) *Finnish Lessons 2.0: What can the World*

Learn from Educational Change in Finland? (New York: Teachers College Press).

영국 재정연구소의 '슈어 스타트'(Sure Start) 프로그램에 대한 흥미로운 평가는 다음의 웹 주소에서 확인할 수 있다: ⟨https://www.ifs.org.uk/publications/14139⟩.

주

1장

1. '에페보이 학교'는 고대 그리스에서 '에페보이ephebeion'라 불리는 약 18세에서 20세 사이의 젊은 남성들을 교육하기 위해 운영된 기관으로, 지적 교육, 군사 훈련, 시민 교육, 문화 활동을 통해 시민으로서의 책임과 의무를 학습하도록 했다. 특히 기원전 335년 테베의 파괴 이후, 아테네는 방위 강화와 시민 자질 향상을 위해 에페보이 제도를 체계적으로 도입하였다. 이에 따라 에페보이 학교는 단순한 군사 훈련 기관을 넘어 전인적 성장을 목표로 한 시민 교육의 핵심적 역할을 수행하였다.
2. 여기서 말하는 '소규모 문예부흥'은 '카롤링거 르네상스Carolingian Renaissance'를 지칭한다. 이는 8세기 말부터 9세기 초, 샤를마뉴Charlemagne 대제의 통치하에 이루어진 서유럽의 문화적·학문적 부흥을 지칭한다. 이는 중세 초기 유럽의 지적·문화적 기반을 형성한 중요한 사건으로 평가받는다. 샤를마뉴 대제는 학문과 교육을 강화하기 위해 궁정에 학자들을 초빙하고 수도원 및 대성당 학교를 설립하였다. 이 학교들은 당시 교육의 중심지 역할을 하며 전통적인 '자유학과' Liberal Arts 교육을 실시했다. 또한 고대 로마와 초기 기독교 문헌의 보존을 위해 필사본 제작을 대대적으로 시행했는데, 이 과정에서 '카롤링거 소문자Carolingian Minuscule'라는 서체가 개발되었다. 이 시기에는 기독교를 중심으로 문화와 예술이 발전했으며, 성경 해석, 성가 작곡, 교회 건축 등이 활발히 이루어졌다. 또한 샤를마뉴 대제는 영국, 아일랜드, 이탈리아 등지에서 학자들을 초빙하여 라틴 문법, 고전 철학, 신학을 연구하고 가르치게 했는데, 대표적인 학자로는 '알퀸'Alcuin과 '아이르하르트Einhard'가 있다.
3. '렉티오Lectio'는 라틴어로 "읽기"를 뜻하며, 중세 대학의 기본적인 교육 방법이었다. 교사가 텍스트(주로 성서, 고전 철학, 법률 문헌 등)를 소리 내어 읽고 간단히 해석하는 방식으로 수업이 진행되었다. 이러한 방식이 채택된 주된 이유는 당시 책이 매우 귀하고 비쌌기 때문이었다. 렉티오의 주요 목적은 텍스트의 내용을 학생들에게 전달하는 것이었다. 학생들은 교사의 강독을 받아 적거나 암기하는 방식으로 학습했다.
4. '디스푸타티오disputatio'는 중세 대학에서 사용된 학문적 토론 방식으로, 라틴어로 "논쟁" 또는 "토론"을 뜻한다. 이는 학문적 탐구를 위해 다양한 입장을 논리적으

로 대립시키는 교육 방법이었다. 디스푸타티오는 특정 주제에 대해 찬성과 반대 입장을 나누어 논쟁을 벌이는 형식으로 진행되었다. 학생과 교사 간, 또는 학생들 간의 토론이 이루어졌으며, 주로 신학, 철학, 법학 등 논리적이고 분석적인 학문 분야에서 활발히 활용되었다. 디스푸타티오는 중세 대학의 핵심 교육 및 연구 방법으로, 시험과 학문적 논쟁에 널리 사용되었다.

5. '산업-군사 기계industrial-military machine'는 '군산복합체Military-industrial complex'라고도 불리며, 군대, 정부, 군수산업체 간의 상호의존적이고 긴밀한 관계를 의미하는 용어이다. 이는 특히 군사적 필요와 군수산업의 이익이 상호 보완적으로 작용하며, 국가의 정치적, 경제적 의사결정에 큰 영향을 미친다는 점을 나타내는 개념으로, 미국의 드와이트 아이젠하워Dwight D. Eisenhower 대통령이 1961년 퇴임 연설에서 처음 언급하며 대중적으로 알려졌다. 그는 군산복합체가 정부의 정책 결정 과정에 과도한 영향을 미칠 가능성을 경고하며, 이러한 영향력이 민주주의와 국가 재정에 미칠 부정적 영향을 염려했다.

6. 존 로크의 『오성의 사용에 관하여Of the Conduct of the Understanding』는 그의 주저인 『인간 오성론An Essay Concerning Human Understanding』의 연장선에서, 인간의 사고 과정과 학습 방법을 심도 있게 탐구한 저서이다. 이 책에서 로크는 인간이 흔히 빠지는 사고의 오류를 분석하고, 이를 예방하고 교정하기 위한 방법을 제시한다. 특히 그는 '아이디어의 방식ways of ideas'이라는 개념을 중심으로, 인간의 인식이 형성되고 발전하는 과정을 논의하며 명료하고 합리적인 사고를 함양하는 방법을 강조한다. 이 책은 철학적 논의에 그치지 않고, 독립적 학습자들에게 구체적인 지침을 제공한다는 점에서 교육적으로 큰 의의를 지닌다. 로크는 학생들에게 무비판적으로 지식을 받아들이지 말고, 적극적으로 사고하고 검토하며, 이를 바탕으로 새로운 아이디어를 형성할 것을 권장하고 있다. 이는 독립적 사고와 비판적 검토 능력을 함양하는 것이 교육의 핵심적인 목표임을 시사한다.

7. 프리드리히 프뢰벨Friedrich Fröbel의 『인간의 교육Die Menschenerziehung』은 1826년에 출판된 유아 교육의 기초가 되는 저서이다. 이 책에서 프뢰벨은 전인적 발달과 아동 성장의 모든 측면이 서로 긴밀히 연결되어 있음을 강조하며, 교육이 각 개인 내면에 존재하는 신성한 본질을 양육하고 이를 삶에서 실현하도록 이끄는 역할을 해야 한다고 주장했다. 프뢰벨은 특히 놀이를 단순한 여가 활동이 아닌, 아동이 스스로를 탐구하고 세상과 연결되는 중요한 학습 과정으로 간주하였다. 놀이를 통해 아동은 내면의 창조적 에너지를 표현하고, 외부 환경과 상호작용하면서 조화로운 발달을 이룰 수 있다고 강조했다.

8. 『경험과 교육Experience and Education』은 1938년에 출간된 존 듀이의 저작으로, 전통

적 교육과 진보적 교육 모델을 비판적으로 분석한 작품이다. 듀이는 전통적 교육이 학생들의 필요와 사회적 요구를 충분히 반영하지 못한다고 지적하였다. 예를 들어, 전통적 교육에서는 암기와 반복 훈련에 초점이 맞춰져 학생들이 현실 세계의 문제를 비판적으로 사고하거나 창의적으로 해결하는 능력을 기르기 어렵다고 보았다. 반면, 진보적 교육은 학생 중심의 접근법을 강조하면서도 명확한 경험 이론과 체계적인 교육 내용 없이 실행되는 경우 학습 목표가 불명확해지고 교육적 효과를 기대하기 어려울 수 있음을 비판하였다. 듀이는 이러한 한계를 극복하기 위해 '체계적으로 구조화된 교육 내용'과 '학생들의 실제 경험'을 통합함으로써 의미 있는 학습을 가능하게 하는 교육 철학을 제안하였다. 구체적으로, 교육과정에서 다루어야 할 주제, 개념, 지식 등이 논리적 순서에 따라 정리되고 단계적으로 구성되어야 하며, 이러한 교육 내용이 학생들의 실제 경험과 연결되어야 함을 강조하였다. 즉, 학습자가 자신의 경험을 통해 지식을 이해하고 실질적으로 적용할 수 있도록 교육과정이 설계될 때, 학생들은 학습 과정에서 능동적으로 참여하며, 경험을 바탕으로 비판적 사고와 창의적 문제 해결 능력을 함양할 수 있다고 보았다.

9. '서머힐 학교Summerhill School'는 영국의 독립 기숙 학교로, 1921년 알렉산더 서더랜드 닐Alexander Sutherland Neill에 의해 설립되었다. 닐은 학교가 아이들에게 맞춰져야 한다는 신념을 바탕으로 학교를 운영하였다. 이 학교는 민주적 공동체로 운영되며, 모든 교직원과 학생은 전교 회의에 참석하여 평등한 투표권을 행사한다. 전교 회의는 입법과 사법 기능을 수행하며, 구성원들은 타인에게 해를 끼치지 않는 한 자유롭게 행동할 수 있다. 학생들은 수업 참여 여부를 스스로 결정할 수 있으며, 이 학교는 민주적 교육과 대안적 교육의 대표적인 사례로 평가된다.

10. '마드라사Madrassa'는 아랍어로 모든 형태의 교육 기관을 의미하기에, 세속적 교육 기관일 수도 있고 종교적 교육 기관일 수도 있다. 하지만 이 문맥에서 말하는 '마드라사'는 주로 이슬람 경전인 꾸란과 율법을 가르치는 종교적 교육 기관으로 한정된다.

11. 『내가 바라는 학교The School I'd Like』는 2001년 영국의 〈가디언The Guardian〉지가 주최한 '내가 바라는 학교' 공모전을 기반으로 집필된 저서이다. 이 책은 학생들이 상상한 이상적인 학교에 대한 수필, 동화, 소설, 시, 그림 등을 수집하여, 현대 교육 시스템에 대한 아동들의 인식을 생생하게 담고 있다. 이 책은 교육 환경의 개선과 학교 개혁에 관한 새로운 시각을 제시하며, 아동의 목소리를 중심에 둔 교육의 중요성을 강조한다. 특히, 교육자, 정책 입안자, 학부모 등 교육에 관심 있는 독자들에게 아동의 관점에서 학교의 모습을 이해하는 데 유용한 자료를 제공

하고 있다.
12. 레지오 에밀리아의 교육 철학이 말하는 '인간의 본질과 문명의 계승에 대한 성찰'은 다음과 같다. 먼저, '인간의 본질' 측면에서 이들은 아동을 능동적이고 창의적인 학습자로 본다. 아동은 자신의 경험을 통해 지식을 구성하고, 환경과 상호작용하며 성장하는 존재라는 것이다. 이러한 관점에서 교육은 아동이 언어, 미술, 음악 등 다양한 방식으로 자신의 생각과 감정을 표현하고 잠재력을 발휘할 수 있도록 돕는 활동이어야 한다. 다음으로, '문명의 계승' 측면에서 이들은 교육이 지역사회와 긴밀히 연결되어야 한다고 강조한다. 이를 통해 아동은 공동체와 상호작용하며 사회적 책임감과 연대 의식을 키울 수 있다. 특히 주목할 점은 '환경'을 '제3의 교사'로 보는 관점이다. 학습 공간은 아동의 탐구와 발견을 촉진하도록 특별히 설계되어야 하는데, 이는 아동이 주변 세계와의 상호작용을 통해 문명의 가치를 자연스럽게 배우고 체득하기 때문이다.
13. 교육에서의 '책무성Accountability'은 교육 기관과 교사가 학생의 학업 성취를 포함한 교육적 결과에 책임을 지는 의무를 의미하며, 교육 품질 향상과 공공 신뢰 확보를 위한 중요한 도구로 간주된다. 최근 책무성 강화가 성과 기반 평가와 정량적 지표에 집중되면서, 교사들이 시험 점수 향상에만 치중하게 되어 전인적 성장과 사회적 통합이라는 교육의 본질적 목표가 약화될 우려가 있다. 이를 보완하기 위해 정량적 지표와 함께 질적 평가를 병행하는 다차원적 체계가 도입해야 하고, 교사와 학교의 자율성을 보장하는 신뢰 기반의 체계가 구축해야 한다. 궁극적으로 책무성은 교육의 공공성과 민주적 가치를 강화하는 방향으로 재구성되어야 한다.
14. 'ORACLE'은 'Observation and Classroom Learning and Evaluation'의 약자로, 1975년부터 1980년까지 영국에서 진행된 초등학교 교실 관찰 연구를 의미한다. 이 연구는 교사와 학생 간의 상호작용, 교수법, 학습 환경 등을 심층적으로 분석하여, 교사와 학생 간의 상호작용이 학습 효과에 미치는 영향을 규명하고 교수법 개선의 방향성을 제시하였다. 또한, 학습 환경의 중요성을 강조하며, 물리적 환경과 심리적 분위기가 학습 성과에 미치는 구체적인 영향을 상세히 분석하였다. 이 연구는 1980년부터 1983년까지 진행된 후속 연구 'Son of ORACLE'로 이어졌다. 후속 연구는 초등학교 교실에서 이루어진 집단 활동을 조사하며, 학생들의 협업 방식과 학습 성과 간의 관계를 심층적으로 탐구하였다.
15. '교실 연구Classroom Research'는 실제 교실에서 이루어지는 교수-학습 과정, 상호작용, 그리고 교육 방법의 효과성을 체계적으로 관찰하고 분석하는 연구이다. 이 연구는 교사와 학생 간의 상호작용, 교수법의 효과성, 학습 환경, 평가 방법 등을

주요 대상으로 하며, 이러한 분석을 통해 교육 현장에서 발생하는 문제를 해결하고자 한다. 궁극적으로 교수법 개선과 학습 방법 개발을 통해 교육의 질을 향상시키는 것을 목표로 한다.

16. 교실의 '생태학ecology'은 교실을 단순한 학습 공간이 아닌, 하나의 '생태계'로 이해하는 관점을 말한다. 이는 교사가 학생들 간의 상호작용, 수업의 역학, 그리고 교실 안팎의 다양한 변수가 서로 얽히고 영향을 주는 방식을 파악하는 것이다. 다시 말해, 교실을 정적이고 단순한 공간으로 보기보다, 역동적이고 복합적인 구조로 이해하려는 접근 방식이다.

17. 아동 낙오 방지법No Child Left Behind' Act, NCLB은 2002년의 미국 교육 개혁 법안으로, 모든 학생들에게 양질의 교육을 제공하고 학업 성취 격차를 해소하는 것을 목표로 한다. 구체적으로, 모든 공립학교는 매년 읽기와 수학 분야에서 3학년부터 8학년까지, 그리고 고등학교 기간 동안 최소 한 번의 주 단위 평가를 실시하도록 규정하였다. 또한, 학생들의 학업 성취도를 향상시키기 위해 교사 전문성 개발, 교육 기술 활용, 부모 참여 활동 등의 전략을 도입하였다. 더불어, 지속적으로 성과가 부진한 학교에 다니는 학생들에게는 다른 학교로 전학하거나 추가적인 교육 서비스를 받을 수 있는 선택권을 제공하였다. 그러나 이 법안은 표준화된 시험에 대한 과도한 의존, 비현실적인 성과 목표 설정, 학교에 대한 제재 조치 등으로 인해 많은 비판을 받았다.

18. '모든 학생 성공법'Every Student Succeeds' Act, ESSA'은 2015년 미국의 교육법이다. 이 법은 '아동 낙오 방지법'NCLB의 과도한 표준화 시험 의존을 완화하고, 학생들의 전인적 성장을 지원하는 평가 방식을 도입하였다.

19. '직접 교수법Direct Instruction'은 교사가 체계적이고 명확하게 수업을 주도하는 교수법이다. 학습 내용을 세부 단위로 분할하여 단계적으로 지도하며, 각 단계에서 구체적인 목표와 지침을 제시한다. 이 접근법은 학생의 오해를 최소화하고 학습 속도를 향상시키도록 설계되었다.

20. '교사 비의존적 교수법teacher-proof'은 교사의 전문성이나 창의성에 의존하지 않고도 일관된 교육 효과를 내기 위해 고안된 교수법을 지칭한다. 이러한 접근법은 교육의 질을 표준화하려는 의도로 개발되었으나, 교사의 자율성과 학생들의 개별적 요구를 충분히 반영하지 못한다는 비판을 받았다.

21. '아카데미학교Academies', '자유학교Free Schools', '전문직업학교Specialist Colleges'는 모두 자율성을 강조한 영국의 공립학교 개혁 모델이다. 아카데미학교는 정부의 자금을 지원받지만, 지방 교육 당국의 통제를 받지 않는 자율적 공립학교이다. 대체로 기존의 공립학교가 성과 개선을 위해 아카데미학교로 전환되었으며, 학

교 운영, 교사 채용, 급여 체계 등에서 자율성을 보장받는다. 다음으로, 자유학교는 지역사회, 학부모, 자선단체, 기업 등 다양한 주체들이 설립할 수 있는 공립학교로, 국가의 교육과정을 따를 의무가 없으며, 지역사회의 요구에 맞춰 독자적인 교육과정을 설계할 수 있다. 자유학교는 기존 학교가 전환된 것이 아니라, 완전히 새롭게 설립된 학교로, 더 큰 자율성과 독립성을 가지고 운영된다. 마지막으로 전문직업학교 특정 분야의 기술 및 직업 교육에 특화된 학교로, 학생들이 실용적이고 산업 현장에서 즉시 활용 가능한 전문 지식과 기술을 배우도록 돕는다. 이 학교들은 주로 특정 산업 분야의 요구를 반영하여 교육을 제공하며, 학생들이 고등교육이나 취업으로 자연스럽게 이어질 수 있도록 한다.

22. '위탁형 공립학교'와 '특성화 공립학교'는 자율성과 특성화를 강조하는 강조하는 학교들로, 각각 미국에서는 '차터 학교Charter Schools'와 '마그넷 학교Magnet Schools'로 불린다. 위탁형 공립학교는 공립학교이지만 운영의 자율성이 크며, 특정 단체가 운영하고 성과에 따라 평가받는다. 학부모와 학생이 자율적으로 선택할 수 있는 학교이다. 반면, 특성화 공립학교는 특정 분야에 특화된 교육을 제공하며, 과학, 예술, 수학 등 특정 학문에 집중한다. 성적이나 시험을 통해 학생을 선발하고, 다양한 배경의 학생들이 모여 교육의 다양성을 촉진하는 것이 목표이다.

23. 제롬 브루너Jerome Bruner는 '학문의 핵심core of the discipline' 또는 '지식의 구조structure of knowledge'를 강조했다. 이는 특정 학문의 근본적인 아이디어와 원리를 의미하며, 단순한 사실 암기가 아닌 학문의 본질적 구조이다. 브루너는 교육에서 이러한 핵심 아이디어와 원리 및 구조를 가르쳐야 한다고 주장했다. 그의 접근법은 아이들이 지식을 단편적으로 습득하는 것이 아니라, 전체적인 맥락에서 이해하고 적용할 수 있도록 돕는다. 브루너는 또한 아이들의 학습 과정에 대한 세심한 이해를 바탕으로, 아이들이 스스로 핵심 개념을 발견하고 이해할 수 있도록 지원하는 교육 방식을 제안했다. 이러한 방식은 아이들이 자기 주도적으로 지식을 구성하고, 새로운 상황에 창의적으로 적용할 수 있는 능력을 키우는 데 중점을 둔다. 결과적으로 브루너의 이론은 깊이 있는 학문적 이해와 실제적 적용 능력을 동시에 추구하는 교육 방법론을 제시한 것이다.

옮긴이 후기

 "정시와 수시 중 어느 방식이 더 공정한가?"라는 질문은 옮긴이가 '교육에서의 정의란 무엇인가'라는 주제로 강의할 때마다 어김없이 제기되는 질문이다. 이 질문은 단지 제도 선택의 문제가 아니라, 학생 각자의 입시 경험이 '정의롭다'고 느꼈는지 묻는 목소리로 들린다. 그 장면을 반복해서 마주할수록, 우리는 교육을 논하면서도 실제로는 '선발'에 대해 이야기하고 있음을 깨닫게 된다. "무엇을 어떻게 가르칠 것인가?"보다 "누가 그 자리에 들어갈 자격이 있는가?"가 더 시급한 문제가 되어버린 것이다. 이는 마치 정원사가 꽃을 어떻게 키울 것인가보다 정원에 들어올 자격증을 발급하는 일에 더 몰두하는 형국과 같다.

이처럼 오늘날 교육은 점점 더 '선발의 도구'로 기능하고 있다. 교육이 언제부터 이러한 기능으로 변모했을까? 오늘날 교육은 해마다 더 정밀해지고, 더 복잡해지며, 더 '과학적'으로 포장된 선발 장치로 진화하고 있다. 우리는 이를 '공정한 경쟁'이라는 말로 정당화하지만, 그 과정에서 정작 '배움'은 뒷전으로 밀려나고 있다. 그러나 교육은 시험보다 먼저 존재했으며, 시험으로 환원될 수 없다. 교육이란 시험을 준비하는 일이 아니라, 시험이 끝난 뒤에도 살아갈 줄 아는 사람을 길러내는 일이다. 그것은 세계를 읽고, 타인과 더불어 살아가는 지혜를 기르며, 자신만의 존재 의미를 탐색해 나가는 평생의 여정이다.

이러한 문제의식은 단지 추상적 담론에 그치지 않는다. 한국 교육의 현실은 그 문제를 더욱 선명하게 드러낸다. 우리나라 학생들은 국제학업성취도평가PISA에서 해마다 세계 최상위권을 차지하고 있다. 이른바 '교육열'은 국가 경쟁력의 상징처럼 포장되지만, 그 화려한 성적 뒤편에서 학생, 교사, 학부모 모두가 탈진해 가고 있다. 교육은 더이상 삶을 넓히고 깊게 하는 일이 아니라, 시험이라는 바늘구멍을 통과하기 위한 생존 기술로 여겨진다. 우리는 아이들의 머릿속에 엄청난 양의 지식을 주입하지만, 그 지식이 삶과 어떻게 연결되는지는 가르치지 않는다. '앎'과 '삶' 사이의 간극이 커질수록, 교육은 공허한 성공 서사의 포장지로 전락하게 된다. 이러한 현실을 단순히 개인의 이기심이나 출세욕으로만 설명하기는 어렵다. 그 밑바닥에는 이 책에서 말하고 있듯이 신자유주의적 세계관이 뿌리내리고 있다. 성과, 효율, 경쟁이 교육의 지배 언어가 되었고, 인간을 기르는 본래 목적은 사라진 채 측정 가능한 수치와 순위만이 남았다. 오늘날 교육은 삶을 위한 사유에서 시스템을 관리하는 기술로 변질되고 있다.

게리 토머스의 이 책은 바로 이 지점에서 문제를 제기한다. 그는 교육이 지식을 주입하는 일이 아니라 생각하는 힘을 기르는 일이며, 성과를 측정하는 일이 아니라 한 사람이 온전해지는 과정이라고 주장한다. 그러나 현실의 학교는 정반대의 방향으로 나아가고 있다. 교실은 '정답 맞히기'와 '자격증 따기'를 위한 반복 훈련의 공간이 되었으며, 평가와 선발이 교육의 전면을 점령하고 있다. 이에 따라 이 책은 다음과 같은 질문들을 던지게 된다.

"교육은 왜 지금처럼 되었는가?", "학교는 왜 좀처럼 변하지 않는가?", "진보적 교육은 왜 실패하거나 왜곡되는가?", 그리고 무엇보다도 "교육은 누구를 위한 것인가?"

이러한 물음은 이 책의 구성에 반영되어 있다. 이 책은 교육을 둘러싼 복합적 지형을 탐색하는 여정이다. '역사, 철학, 제도, 교육과정, 평가, 미래 담론'이라는 흐름을 따라가며, 독자는 교육 현상의 전모를 입체적으로 이해하게 된다. 게리 토머스는 교육의 어원적 의미에서 출발하여 형식주의와 진보주의 사이의 긴장, 학교 제도의 역사적 형성, 교육사상가들의 이론과 한계를 검토한다. 또한 교육심리학과 측정 중심의 평가 체제, 교육과정의 정치적 성격, 그리고 학교의 미래를 아우르며 교육의 여러 층위를 비판적으로 해석한다. 특히 그는 고대 플라톤의 교육론에서부터 현대의 성과주의 정책에 이르기까지, 교육 담론이 어떻게 정치적 이해관계와 결합되어 왔는지를 면밀히 추적한다. 그 결과 독자는 "무엇을, 왜, 어떻게 가르칠 것인가?"라는 교육의 근본적 물음과 마주하게 된다. 이 책은 단순한 '교육에 대한 개론서'가 아니라, '교육을 사유케 하는 텍스트'로 읽힌다.

그렇기에 이 책은 단순히 지식의 해설서가 아니다. 게리 토머스는 교육이 '아이를 위한 것'에서 '시스템을 위한 것'으로 변질된 과정을 철학적·제도적·정치적으로 통합적으로 조망한다. 진보주의가 현실 속에서 어떻게 또다른 형식주의로 전락했는지도 비판적으로 조명한다. 교육을 구성하는 개념, 제도, 사상, 정책이 어떻게 복합적으로 얽혀 있는지를 드러냄으로써, 교육을 단선적으로 파악하는 태도를 넘어서는 통찰을 제공한다. 이러한 교육의 역사에는 '인간을 어떻게 이해할 것인가', '사회를 어떻게 구성할 것인가', '국가는 무엇을 위해 존재하는가'라는 깊은 세계관의 충돌이 내포되어 있다. 이 책의 진정한 가치는 독자 스스로 사유할 수 있는 지점으로 이끄는 데 있다. 이 책의 저자 게리 토머스는 날카로운 문제의식을 갖고 있으면서도 특정 이념이나 해답을 강요하지 않는다. 그는 독자 곁에 선 동반자로서 교육의 근본을 함께 탐구하는 자세를 견지한다. 오늘날 한국 교육이 심각한 위기에 처해 있다는 데 많은 이들이 공감하지만, 그것을 극복하기 위해 필요한 것은 이론보다도 성찰이다. 이 책은 그러한 성찰의 출발점이 되어 줄 것이다.

무엇보다도 이 책은 단순히 절망을 진단하는 데 머물지 않는다. '교육을 사람을 위한 활동, 삶을 위한 사유, 세계를 이해하고 변화시키는 힘으로 되살리자'는 조용하지만 단호한 제안을 품고 있다. "교육이란 시험이 끝난 뒤에도 남는 것이다." 이 오래된 격언을 되새기며 우리는 스스로에게 물어야 한다. "나의 앎이 내 삶을 어떻게 바꾸고 있는가?" 이 물음 앞에 머무를 때, 교육은 다시 살아 있는 일이 될 것이다. 지식을 넘어서 삶으로 스며드는 배움, 혼자가 아니라 함께 자라나는 경험, 지금 여기에서 세계를 새롭게 읽어내는 사유—교육은 결국 그런 길을 열어가야 한다. 게리 토머스의 이 책이 그 길을 가는 데 있어 하나의 이정표가 되기를 희망한다.

옮긴이를 대표하여, 이우진

입지관에서

도판 목록

1. 셰익스피어 시대의 교실: 소년들은 서로 마주보는 긴 의자에 앉아서 수업을 들었다.
   사진 제공: Sara Beaumont Photography.

2. 레지오 에밀리아 접근법은 종종 진보적이며 프로젝트 기반 학습의 모범적 사례로 여겨진다.
   사진 © Ruby Washington/NYT.

3. 모둠으로 배치된 일반적인 초등학교 교실. 그러나 아이들은 실제로 모둠 활동을 하고 있을까?
   사진 제공: 저자.

4. 존 듀이는 교육을 젊은이들의 호기심을 키우는 과정으로 보았다.
   사진 © Bettmann/Getty Images.

5. '190을 둘로 나누면…'
   만화: 바안 시르바니안 © Vahan Shirvanian/www.CartoonStock.com.

6. 존 홀트의 획기적인 저서, 『아이들은 어떻게 실패하는가』의 표지
   © Penguin.

7. 피아제의 대상 영속성은 아이가 어떤 물체가 보이지 않더라도 그것이 존재한다는 것을 이해하는 능력을 설명한다.
   미국 해군 사진: 매스 커뮤니케이션 스페셜리스트 2급 Cynthia Griggs/배포됨/위키피디아Wikipedia.

8. 20세기 중반 상당수의 심리학자들이 학업 성취에 유전과 환경이 각각 얼마나 영향을 미치는지에 초점을 맞추었다.
   만화: 토머스 브로스 © Thomas Bros/www.CartoonStock.com.

9. 페디웰의 『검치호랑이 교육과정』에서 발췌한 그림

『세이버투스 커리큘럼』© 1959. The McGraw-Hill Companies, Inc. 제공.

10. 저기요, 이 책의 전원 버튼이 어디 있죠?
    만화: 마이크 키프 © Cage Cartoons.

11. 전 세계적으로 교실 내 교사들의 수업 패턴은 반복된다.
    a 아르헨티나 부에노스아이레스 산페르난도의 에스쿠엘라 세쿤다리아 바시카 6번 학교. 중학교 3학년, 교사 부재로 인한 자율 학습, 2011년.
    b 일본 도쿄의 와세다 입시학원. 5학년, 고전 일본어, 2009년.
    c 미국 오클라호마주 아반트의 아반트 공립초등학교. 4학년과 5학년, 사회 수업, 2006년.
    d 예멘 마나카의 알 미타크 여자학교. 초등학교. 2학년, 과학 복습 수업, 2007년.
    이 모든 이미지는 줄리안 저메인Julian Germain의 프로젝트『교실의 초상 2004~2015』에서 인용. ©Julian Germain

12. 교육 사상의 연대표 시간적 비례는 반영되지 않음
    사진 제공: 저자.

교육
EDUCATION

초판 1쇄 인쇄 2025년 12월 2일
초판 1쇄 발행 2025년 12월 10일

지은이 게리 토머스
옮긴이 이우진 김자운

편집 황도옥 이원주 이희연 이고호
디자인 김현아
저작권 박지영 형소진 주은수 오서영 조경은
마케팅 김다정 박재원
브랜딩 함유지 김은솔 박민재 이송이 박다솔
조다현 김하연 이준희
제작 강신은 김동욱 이순호
제작처 한영문화사(인쇄) 한영제책사(제본)

펴낸곳 (주)교유당　**펴낸이** 신정민
출판등록 2019년 5월 24일
제406-2019-000052호
주소 10881 경기도 파주시 회동길 210
전자우편 gyoyudang@munhak.com
문의전화 031) 955-8891(마케팅)
031) 955-2680(편집)
031) 955-8855(팩스)
홈페이지 www.gyoyudang.com
페이스북 @gyoyubooks
트위터 @gyoyu_books **인스타그램** @gyoyu_books

ISBN 979-11-24128-21-3 03300

- 교유서가는 (주)교유당의 인문 브랜드입니다.
  이 책의 판권은 지은이와 (주)교유당에 있습니다.
  이 책 내용의 전부 또는 일부를 재사용하려면 반드시 양측의 서면 동의를 받아야 합니다.